KB120061

하루한권
독서법

시간 매트릭스 독서로 완성하는
1日 1册 인생변화 프로젝트

하루 한 권 독서법

초 판 1쇄 2018년 04월 25일

지은이 나애정
펴낸이 류종렬

펴낸곳 미다스북스
총 괄 명상완
책임편집 이다경
마케팅 권순민

등록 2001년 3월 21일 제2001-000040호
주소 서울시 마포구 양화로 133 서교타워 711호
전화 02) 322-7802~3
팩스 02) 6007-1845
블로그 http://blog.naver.com/midasbooks
전자주소 midasbooks@hanmail.net

ISBN 978-89-6637-567-7 03320

값 15,000원

「이 도서의 국립중앙도서관 출판예정도서목록(CIP)은 서지정보유통지원시스템 홈페이지(http://seoji.nl.go.kr)와 국가자료공동목록시스템(http://www.nl.go.kr/kolisnet)에서 이용하실 수 있습니다.(CIP제어번호: CIP2018012309)」

미다스북스는 다음세대에게 필요한 지혜와 교양을 생각합니다.

TIME MATRIX READING

시간 매트릭스 독서로 완성하는
1日1冊 인생변화 프로젝트

하루한권 독서법

나애정 지음

미다스북스

프롤로그

나를 바꾸는 조용하지만 가장 큰 혁명

나만의 방식으로 독서를 즐겨라

독서하는 사람들이 점점 줄어든다. 유아기 때는 부모님의 영향으로 그나마 책을 꽤 읽는다. 물론 그것도 아이 교육에 관심을 쏟는 부모들에 국한된 이야기다. 그러다가 초등 고학년이나 중 · 고등학생이 되면 학업에 전념한다고 책을 멀리하게 된다. 한국사회의 치열한 입시현실에서 비롯되는 구조적인 문제다.

명문대 진학을 목표로 한다면 학교 수업을 좇아가기 바쁘다. 수행평가에, 내신에 중간고사 기말고사까지 촘촘하게 이어지는 중 · 고등학교 교과과정에서 독서란 불가능에 가깝다. 학교에서 과목별로 지정된 도서 이외의 책을 읽는다는 건 엄청난 시간과 노력이 따르기 때문이다.

청소년기의 이런 성장 환경은 교과서 외의 책은 못 읽고 안 읽게 하는 개인 습관을 정착하게 한다. 그래서 대학생이 되어도, 성인이 되어 사회에 나와도 독서를 하지 않는다. 독서는 나와는 상관없는 일이 된다.

2017년 현재 지방자치단체 도서관 이용 통계를 보면 도서관 이용이나 대출 권수가 1년에 4~5권밖에 되지 않는다. 대학생도 마찬가지다. 교육부와 한국교육학술정보원에서 지난해 3월 1일 현재 도서관이 설치된 전국 423개 4년제 대학 및 전문대학 등 고등교육기관을 대상으로 '2017년 대학도서관 통계조사'를 한 결과 '재학생 1인당 대출 권수'는 2013년 8.7권에서 매년 감소해 2014년 7.8권, 2015년 7.4권, 2016년 7.2권, 2017년 6.5권을 기록했다. 전자책 자료가 많이 늘긴 했지만 독서를 위해서가 아니라 과제 수행을 위한 자료열람용이 대부분이다.

물론 나도 예외는 아니었다. 아니, 어린 시절의 나는 오히려 더 안 읽는 편에 속했다. 학창시절, 나는 책을 많이 읽는 친구와 말다툼을 한 적이 있다. 내가 알아듣지 못하는 그 친구의 유식한 단어나 언어 표현 방식에 기가 죽은 적이 있었다.

'아! 대체 뭐지? 걔는 왜 저렇게 자신의 마음을 절묘하게 표현하는 걸까! 나는 생각은커녕 무식이 들통날까봐 말도 못하겠네…….'

독서의 위력은 어린 나의 마음에 생생하게 남았다.

선택과 집중의 독서로 '하루 한 권'을 시작하다

인생에는 언제나 굴곡이 있는 법이다. 길에 오르막이 있으면 내리막도 찾아오듯 삶도 그렇다. 나는 마흔 이후에 닥친 심각한 삶의 위기 앞에서 '독서'를 다시 만났다. '육아'와 '직장 생활'의 어려움이 한꺼번에 내게 닥쳐왔지만 나는 독서를 하면서 위기를 극복했다. 내게 닥친 위기는 새로운 삶의 기회로 바뀌고 나는 더 적극적으로 행복한 사람이 되었다. 내면에 생긴 조용한 변화였지만 나를 근본적으로 바꾼 혁명이었다.

나는 육아서를 150권 이상 읽다 보니 어떤 경향을 간파하게 되었다. 어떤 육아서라도 '중요한 핵심들은 반복'되고 있었다. 일정한 주제의 독서를 집중적으로 하면서 파악하게 된 결론이다. 그런데 육아만이 아니라 다른 주제의 독서에도 통하는 거였다. 그래서 그 후부터는 읽는 속도가 매우 빨라졌다. 속독 기술이나 눈 훈련을 따로 받은 것이 아니었다. 그런데도 속도가 빨라졌을 뿐만 아니라 그 주제에 대한 이해력이나 창의력, 통찰력도 훨씬 더 좋아졌다. 읽고 난 후 기억하는 부분도 당연히 더 많아졌다.

이런 경험을 반복적으로 하면서 나는 선택과 집중의 독서를 더 강화하고 훈련했다. 나는 저자가 중심이 아니라 내가 중심인 독서를 했다. 이 두 가지 원리, 그러니까 1) 선택과 집중의 독서 2) 저자 중심이 아니라 내가 중심인 독서를 통해 나는 점차 독서 고수가 되고 있음을 느꼈다. 이제 나는 어떤 책도 하루에 한 권을 읽을 수 있는 수준이 되었다.

이 책은 내가 겪으며 터득한 위와 같은 방법에 대한 보고서이다. 하지만 독서 초보자에게 처음부터 하루 한 권 독서를 권하고 싶지는 않다. 우선은 독서 습관을 만드는 것이 중요하다. 습관 형성 시기에는 선택과 집중 방식의 읽기보다 그저 자신이 즐길 수 있는 방식대로 읽는 것이 피로감이 적다. 왜냐하면 무슨 일이든 재미가 붙고 습관이 형성되고 중독이 되어야 오래갈 수 있기 때문이다. 그렇게 어느 정도 독서 습관이 형성되면 선택과 집중 독서로 넘어가야 할 때가 다가온다.

바로 그때 자신의 관심 분야나 해결해야 할 문제에 관련된 주제를 하나 정해서 연습한다는 기분으로 실천하기를 권장한다. 속독도 훈련하면 되듯이 '하루 한 권 독서'도 훈련하면 된다. 처음부터 끝까지 꼼꼼히 읽는 것이 하나의 읽는 습관인 것처럼 하루 한 권 독서도 습관으로 자리 잡을 수 있다.

하루 한 권 독서는 내면에서 시작되는 혁명

하루 한 권 독서법은 하루 종일 책만 읽는 것이 아니다. 자신이 주체가 되어 선택과 집중하여 하루라는 제한된 시간을 활용하여 읽는 독서법이다. 자신에게 중요한 것 위주로 필요한 부분은 천천히, 필요 없는 부분은 빨리, 완급을 조절하면서 읽는 것이다. 같은 주제의 다량의 책을 읽다 보면 중복되는 내용 때문에 읽는 시간은 줄어든다. 자신이 필요한 내용 위주로 선택과 집중을 하게 되면 2시간까지 시간을 단축할 수 있게 된다.

하루 한 권 독서법을 실천하면 나타나는 가장 강력한 삶의 효과는 무엇보다도 책에 대한 부담감을 줄이면서 동시에 독서의 효과를 삶에서 극대화할 수 있다는 점이다. 무엇보다 당신이 '독서 안 하는 사람에서 독서하는 사람'으로 변모하게 된다. 그리고 시간이 지나면 깨닫게 된다. 독서하는 사람이 된다는 것이 삶에서 얼마나 엄청난 힘을 발휘하는지. 그것은 내면으로부터 조용히 시작되지만 가족을 비롯해서 자신을 둘러싼 주변 전체에 영향을 미치는 혁명이다.

하루 한 권 독서법으로 책을 쉽게 읽자. '하루 한 권 독서'는 책에 대한 부담감을 버릴 수 있게 한다. 내게 필요한 핵심 위주로 읽으면 된다. 책을 읽는 당신의 욕구나 희망, 혹은 기분에 따라서 다양한 방법으로 자유자재로 읽기를 시작해보라. 한 권의 책에서 필요한 내용 위주로, 혹은 핵심적인 사항 위주로 빨리, 또 때로는 천천히도 읽어보라. 그리고 내 삶에 적용하면서도 오늘보다 더 나은 내일을 살기 바라면 된다. 처음부터 끝까지 읽는 것에 목숨 걸지 말자. 행복하자고 하는 독서가 고통이 되면 되겠는가? 당신에게 허용된 시간은 당신이 읽고 있는 그 책은 물론이고 당신이 버는 돈보다도 더 가치 있는 존재다. 책은 목적이 아니라 수단이라는 점을 명심하라. 책은 당신의 인생을 더욱 행복하고 가치 있게 만들기 위한 지렛대임을 잊지 마시라는 것이다.

모쪼록 이 한 권의 책이 독서에 대한 고정관념을 깨는 하나의 계기가 되기를 바란다. 그래서 딱딱한 껍질을 깨고 밝은 세상으로 나와 자유롭게 나는 새처럼 편안하고 쉬운 읽기로 책과 함께 멋진 인생을 누리는 사람이 점점 많아지는 행복한 세상을 꿈꾸고 기원해본다.

2018년 4월 조용한 새벽 시간에

나애정

차례

1장

뇌로 읽는 선택과 집중 독서법

2장

삶을 변화시키는 **독서 원칙**

3장

최적의 **독서법**으로 **핵심**을 꿰뚫어라

4장

시간 매트릭스 독서로 완성하는 인생의 변화

5장

하루 한 권 독서가 만드는 조용하지만 커다란 혁명

1장

뇌로 읽는 선택과 집중 독서법

"재주가 없다고 근심하지 마라.
앎으로 나아가면 재주 역시 발전하기 때문이다.
생각이 넓지 못하다고 근심하지 마라.
보고 듣는 것이 넓어지면 생각 역시 넓어지기 때문이다.
그러나 이 모든 것은 독서를 통해서만 얻을 수 있다."

– 고반룡

책을 읽는 방법을 바꿔라

"만 권의 책을 읽고, 만 리 길을 여행하라."

– 고염무

모든 책을 '처음부터 끝까지 꼼꼼하게' 읽지 않아도 된다!

산악자전거에는 다양하게 변속 가능한 기어가 장착되어 있다. 산에는 비교적 편안하게 탈 수 있는 평지도 있지만 힘들게 올라가야 할 가파른 언덕도 있기 때문이다. 산악자전거의 기어처럼 책 읽기에서도 변속 가능한 다양한 독서 기술이 필요하다. 왜냐하면 아주 쉬운 책에서부터 하루 종일 읽어야 겨우 한 페이지 정도 이해할 수 있는 고전이나 철학서도 있기 때문이다.

하지만 대부분의 사람들은 책 읽는 데 한 가지 방법만 사용한다. 쉬운 책이나 어려운 책이나 관계없이 처음부터 끝까지 꼼꼼하게 읽는 방법이다. 다양한 방법으로 책을 읽을 수도 있다. 하지만 막상 읽을 때는 학창시절부터 몸에 익은 '읽는 방법'을 사용한다. 또한 그렇게 꼼꼼히 읽어야 제대로 읽는다고 생각한다. 조금의 합리적 의심조차 없다. 독서 초보자일수록 처음부터 끝까지 읽는 방법 일색인 것은 당연하다.

쉬운 책이든 어려운 책이든, 익숙한 주제든 낯선 주제든 오로지 한 가지 방법으로만 읽는다. 이런 읽기 때문에 독서를 즐기지 못하는 불상사가 발생할 수도 있다. 즐기지 못하면 당연히 오래할 수도 없고, 하다 말게 된다. 그럼에도 불구하고 계속 같은 방법으로만 읽는다.

그렇다면 '처음부터 끝까지 빠짐없이 꼼꼼하게' 읽는 이유는 무엇일까? 아마도 어릴 적부터 형성된 '읽는 습관' 때문일 것이다. 초 · 중 · 고, 12년의 학교생활에서 교과서로 수업에 참여하고, 시험에 대비해 공부하면서 형성된 읽는 습관이 성인이 된 이후에도 그대로 이어진 것이다. 교육 선진국에서처럼 책에서 자료를 찾고, 생각을 정립하여 발표하고, 에세이를 쓰는 훈련과 교육을 받았다면 혹시 상황이 달라졌을지도 모른다. 그러니까 어릴 때의 암기식 공부와 주입식 교육의 영향으로 오늘 이 시간까지도 많은 사람들은 '처음부터 끝까지 읽기'를 계속하고 있는 것이다.

학창시절 받은 교육으로 읽는 방법만 길들여진 것이 아니다. 책에 대한 마음가짐에도 영향을 미쳤다. 권위 있는 교과서에 대한 진지한 태도가 다른 책에도 그대로 이어졌다. '독서'를 할 때는 특별히 시간을 내서 책을 조심스럽게 대해야 한다고 생각한다. 바쁜 현대인이나 독서가 익숙하지 않은 사람에게 경건한 마음으로 자세를 가다듬을 여유는 사실상 거의 없다. 게다가 그나마 시간을 내서 읽는 경우에도, 사람들은 읽는 의미를 부여하는 책이라면 모든 부분이 기억되어야 할 만큼 중요하다고 생각한다.

그래서 책은 처음부터 끝까지 읽어야 하고, 책의 모든 내용들은 가치가 있다고 무의식적으로 생각한다. 책에 대한 이런 고정관념과 선입견으로 책 읽기가 쉽지 않다. 책을 펴도 한 페이지 넘기기가 조심스럽고, 봤던 곳을 또 보게 된다.

보통 책 한 권이 250~300페이지 사이이다. 그런 방법으로 그 많은 페이지를 언제 다 읽을 수 있겠는가? 과거와 달리 넘쳐나는 것이 책이다. 하루에도 엄청난 종류와 양의 신간이 쏟아지고 있다. 정독도 하지만 때로는 속독도, 남독도 하면서 다양한 방법으로 책을 읽어보아야 한다.

다양한 방법을 실천해보아야 책마다 어떤 방법으로 읽어야 할지 감이 생긴다. 산악자전거를 효율적으로 타려면 많은 경험을 통해 기어를 자유자재로 변속하며 운전해야 하듯이 독서도 읽는 방법을 제대로 터득해야 진짜로 즐겁고 행복한 독서가 가능해진다.

나는 성인이 되어 육아서를 찾아 읽으면서 본격적인 독서를 시작했다. 물론 나도 처음에는 보통 사람들처럼 '처음부터 끝까지 꼼꼼히 읽는' 방법으로 독서를 했다. 그래도 그때는 육아법에 대한 나 자신의 절실하고 갈급한 마음이 있었다. 때문에 하나도 빠짐없이 샅샅이 읽으면서 내용에 집중해도 큰 어려움을 느끼지 않았다. 아무리 두꺼운 책이라도, 더러 전문적인 내용이 담겨 있어도 나는 인내하면서 모두 처음부터 끝까지 차분하게 읽었다.

그렇게 1년 이상 육아서를 150권가량 읽게 되니 어느 정도 전문적인 지식이 쌓이게 되었다. 그러자 자연스럽게 연관되는 다른 주제에도 관심이 생겼다. 그때부터는 연간 독서 목표도 세우고 본격적으로 독서에 집중하게 되었다. 공부를 잘하면 할수록 공부에 대한 욕심이 더 생기듯이, 독서를 집중적으로 하면서 독서에 대한 갈증과 욕구가 더 크게 생겼다. 독서가 나의 가장 중요한 생활로 자리잡게 되었다.

핵심 위주로 빨리 읽을 줄 알아야 독서에 자신감이 생긴다

다양한 책을 많이 읽으면서 내게는 중요한 습관의 변화가 생겼다. 읽

자신에게 필요하거나 자신이 좋아하는 어떤 주제를 선택하여
집중적인 읽기를 시도한다면
누구나 핵심 위주의 빠르게 읽기가 가능해진다.

는 방법에 생긴 변화였다. 내가 의식적으로 그렇게 했다기보다는 자연스럽게 생긴 몸의 변화이자 습관이었다. 그러니까 처음부터 끝까지 다 읽기보다 핵심적인 내용 위주로 빠르게 읽게 된 것이다. 그런데 곰곰이 생각해보면 당연했다. 나는 한 분야에 대한 집중적인 독서를 통해 여러 권의 책을 읽고 있었기 때문에 상당수의 책들에는 이전에 읽은 내용과 중복되는 부분이 많았다.

다시 꼼꼼히 읽을 필요가 없었고 오히려 시간낭비였다. 비슷한 부분은 훑어가면서 그 책만의 핵심적인 내용에 집중하면서 읽었다. 이렇게 나만의 독서 방법을 터득하면서 나는 짧은 시간에도 많은 양의 독서를 하는 것이 가능해졌다. 그것도 단지 많은 독서를 하는 것이 아니라 해당 분야의 전문가적인 수준에 오를 정도로 독서를 하게 된 것이다.

나는 오랜 시간과 경험으로 이렇게 되었지만 보통의 독서 초보자들도 이런 독서가 가능할까? 물론 가능하다. 선택과 집중의 독서를 하면 된다. 자신에게 필요하거나 자신이 좋아하는 어떤 주제를 선택하여 집중적인 읽기를 시도한다면 누구나 나처럼 핵심 위주의 빠르게 읽기가 가능해진다. 하지만 대부분의 사람들이 정독은 할 수 있어도 핵심 위주로 빨리 읽기는 잘 하지 못한다. 왜냐하면 지금까지 그렇게 읽어본 적이 없기 때문이다.

한 가지 방법으로는 독서의 다양한 즐거움을 만끽할 수 없다. 자신의 선택과 필요에 따라 다양한 방법으로 독서를 할 수 있어야 한다. 책의 종류와 수준에 따라, 책을 읽는 사람의 목적과 필요에 따라 독서의 방법을 다양화해야 한다. 당신이 선택한 주제에 대한 기존 지식의 양에 따라서 읽는 방법을 바꿀 줄도 알아야 한다. 한 권의 책을 읽더라도 자신에게 맞는 다양하고 적절한 방법을 찾아서 부담 없이 읽어야 독서가 진정으로 즐거운 행위가 되는 것이다.

선택과 집중이 독서 목적을 달성시켜준다

근본적으로 질문해보자. 책을 읽는 이유가 무엇인가? 왜 책을 읽는가? 때로는 인문고전이나 문학서도 그렇지만 주제를 정해놓고 읽는 대부분의 책들은 실용적인 목적의 독서에 해당된다. '왜 읽는가?'에 대한 질문에 정직하게 대답하다 보면 그 수단이 되는 '어떻게 읽을 것인가?'에 대한 '독서 방법의 답'을 얻을 수 있다.

독서의 이유는 간단하다. 독서를 통해 정보와 지식을 얻고 새로운 아이디어를 나의 삶에 적용하기 위해서다. 실용적인 목적의 독서에서 책은 하나의 수단이다. 한 권의 책에서 내 삶에 도움이 되는 요소를 한 가지라도 찾는다면 그 독서는 성공한 것이다. 제대로 독서한 것이다. 핵심 위주의 책 읽기가 필요한 지점은 바로 여기다.

나의 선택과 필요에 따라 책의 핵심적인 내용에 집중해서 읽으면 애초에 설정한 책 읽기의 목적에 도달할 가능성이 크다. 반면에 책 읽기의 목적은 똑같다 할지라도 처음부터 끝까지 읽으려는 고정관념을 바꾸지 못하면 실패하게 된다.

성인이라도 독서를 새롭게 시작하는 사람이나 습관이 되지 않은 사람들의 경우에는 가장 우선해야 할 점이 독서에 대한 즐거움을 느끼는 것이다. 읽는 속도가 좀 늦더라도, 페이지가 잘 넘어가지 않더라도 자신이 관심 있고 자신에게 필요한 책을 읽으면서 재미를 느껴야 한다.

관심이 있고, 필요한 책을 찾아서 읽다 보면 책은 친근한 존재가 된다. 만나면 즐거운 친구보다 더 친근한 존재가 되는 것이다. 이렇게 우선 책을 친구로 만들어야 한다.

내 경우는 육아 문제에 관련된 책을 읽을 때 꼼꼼히, 샅샅이 읽었기 때문에 한 권 읽는 데 하루 종일 걸려도 힘든 줄 모르고 즐거웠다. 왜냐하면 늦은 나이에 시작한 데다 고통스럽던 육아 문제가 책을 통해 조금씩 풀렸기 때문이다. 책에서 도움 받는 것이 점점 많아지니 한 권 한 권 읽는 데 시간이 오래 걸리는 건 당연했다.

그러다가 육아 관련서를 100권 이상 정독하며 현실에도 적용시켜 가면서 나도 육아 문제에 관해 어느 정도 전문적인 지식을 갖게 되었다. 그때부터는 육아 관련서를 읽을 때는 효과적인 독서법을 찾기 시작했다. 지루하거나 반복적인 내용이 나오면 '왜 페이지가 넘어가지 않을까?' 고민하게 되었다. 그렇게 찾은 방법이 선택과 집중을 통한 독서였던 것이다.

처음부터 독서의 속도에 대해 고민하기는 힘들다. 독서가 어느 정도 익숙해지는 수준이 될 때까지는 독서의 즐거움을 느긋하게 즐기다가 나와 같은 고민이 찾아오면 핵심 위주의 빠른 읽기를 시도해보길 권장한다.

『독서력』에서 사이토 다카시는 독서력을 측정하는 기준으로 문학작품 100권과 교양도서 50권을 추천했다.

"독서력을 측정하는 기준으로 문학작품 100권과 교양도서 50권을 내세웠는데 왜 100여 권의 책을 기준으로 했을까? 그것은 독서가 '기술'로서 질적인 변화를 일으키는 경계선이 얼추 100권이기 때문이다. 물론 한 권 한 권 읽어나가면서 독서력은 달라진다. 하지만 크게 보았을 때 질적인 차이가 분명히 나타나는 비등점의 권수는 열 권, 스무 권이 아니라 100권이다." –『독서력』, 사이토 다카시

그는 100권을 읽는 데 4년이라는 제한시간도 둔다. 너무 오랜 시간 읽으면 기술의 질적 변화가 일어나지 않기 때문이다. 100권을 읽는 데 얼마의 시간이 걸릴까? 한 달에 2권이면 4년이 걸리고, 한 달에 4권이면 2년이 걸린다. 한 달에 8권, 일주일에 2권 읽으면 1년에 104권을 읽을 수 있다. 사이토 다카시가 말한 100권에서 찾아오는 책 읽는 기술의 질적 변화가 신기하게도 나의 경우에는 딱 맞아 떨어졌다. 육아서 100여 권을 읽을 때쯤, 읽는 방법에 대한 관심이 생기면서 핵심 위주의 책 읽기를 시도했다. 그런 변화로 오늘 나는 하루 한 권 독서를 실천하고 있는 것이다.

한국 사람들은 제도권 교육의 영향 때문에 놓친 독서력을 갖기 위해 스스로 노력해야 한다. 보통 사람들은 글씨를 읽을 줄 알기 때문에 책도 잘 읽을 수 있다고 생각한다. 하지만 문자해독력이 있다고 해서 독서를 즐기면서 할 수 있는 것이 아니다. 막상 해보면 책 읽는 것이 생각보다 어렵고, 재미도 없고, 페이지도 잘 넘어가지 않아 고민한다. 어디 가서 이야기도 못한다. 혼자서 끙끙 앓게 된다.

하지만 괜찮다. 처음에는 누구나 갖는 고민거리이다. 지나가는 하나의 과정일 뿐이다. 언제나 문제가 되는 것은 포기다. 포기하지 말고 관심 있는 영역으로 한 권, 두 권 읽어나가보라. 시간이 지나면서 읽는 권수가 늘어나고 최소 100권 정도 쌓이다 보면 변화가 생긴다. 즐기면서

하는 핵심 위주의 책 읽기가 어느 순간 당신의 삶에 자리를 잡게 될 것이다.

핵심 위주의 선택과 집중 읽기가 가능해지면 자신의 판단과 선택에 따라 책을 다양한 방법으로 읽을 수 있다. 다양한 변속이 가능한 고성능 기어를 장착하고 자유자재로 온 산을 누비는 산악자전거처럼 다양한 방법으로 책을 읽어보자. 오로지 한 가지 방법, 처음부터 끝까지 읽는 방법뿐이라는 자신의 고정관념과 선입견에서 벗어나야 한다. 정독의 함정에 빠져 허우적거리지 말라. 이제 다양한 읽기 기술을 가지고 페이지를 훌훌 넘기면서 읽어라. 책 읽기가 즐거워지면서, 하루 한 권 독서로 어제와 다른 나로 매일 변화되고 거듭날 것이다.

'하루 한 권' 플러스 – 다양한 '읽기' 방법

음독音讀

소리 내어 읽기. 아이들과 아직 책 읽기가 익숙하지 않는 초보자에게 권장한다. 소리 내어 읽으면 속도는 느려도 더 집중해서 읽을 수 있다. 예전부터 한국에는 소리 내어 읽는 공부 방법이 중시되어 왔다.

정독精讀

꼼꼼하게 음미하며 읽기. 책을 천천히 읽으며 문장과 단어를 곱씹어 보는 방법이다. 이해와 기억을 위한 공부에 쓰여 시험 공부에서 주로 나타난다. 필요하다면 관련 정보를 추가적으로 공부하기도 한다.

묵독默讀

눈으로 읽기. 문장이나 맥락을 빠르게 살펴 핵심 위주로 책을 읽어 나가는 방법이다. 정독에 비해 꼼꼼하게 읽을 수는 없지만 생각을 하며 읽을 수 있으며, 속도가 빠르다.

속독速讀

빠르게 읽기. 주로 제한된 시간 안에 정보를 얻거나 전체를 파악하기 위해 쓰인다. 깊은 이해나 기억을 하기 위한 방법은 아니며, 반복해서 읽을 여유가 있다면 해볼 만하다.

정말 보고 싶은 책을 골라라

"마음을 활짝 열고 대담하게 두려움 없이 있는 대로 흡수하라."

– 노신

읽고 싶은 책이 가장 좋은 책이다

"어떤 책을 읽으면 되나요?"

"어떤 책이 재미있는지 추천 좀 해줘요."

내가 독서를 즐기는 데다 전문가 수준의 책 읽기를 하는 걸 아는 분들은 종종 내게 좋은 책을 추천해달라고 한다. 나는 상대의 취향과 수준에 맞게 추천할 때도 있지만 속으로는 대략난감인 경우가 대부분이다. 나에게 가치 있고 필요한 책이었다고 해서 다른 사람도 꼭 그렇다고 장담할 수 없기 때문이다. 선물을 할 때 그 사람의 취향을 고려해서 선물의 종류와 디자인, 색깔을 정하듯이 책도 그렇다. 누군가에게 책을 추천하는 것은 매우 까다로운 문제다. 섣불리 추천하면 안 하느니만 못하는 경우가 생긴다.

가장 좋은 방법은 자신이 원하는 책을 스스로 골라서 읽는 것이다. 물론 독서가 어느 정도 수준에 도달한 사람이라면 책을 고르는 것이 어렵

지 않다. 자신이 관심을 두고 있는 주제별로 독서 목록을 짜서 읽어나가면 되기 때문이다. 또한 준비된 독서 목록이 없다고 할지라도 처음에 관심을 두고 있는 책을 주의 깊게 읽다 보면 그 책 안에서 권하는 또 다른 좋은 책을 많이 발견한다. 다음에 읽을 책을 고르는 데 전혀 어려움이 없다. 하지만 연중행사 정도로 독서를 하는 사람이거나 그야말로 독서 초보자라면 '무슨 책을 읽을까?'라는 문제는 그 자체로 고민이 아닐 수 없게 된다.

내게는 두 명의 자녀가 있다. 두 아이 모두 초등학교 저학년이다. 나는 아이들이 어릴 때 다른 무엇보다 독서에 많은 신경을 썼다. 내가 아이를 키우던 당시 주변의 사회적 분위기는 3세, 4세 아이에게 조기교육으로 한글은 물론 영어와 숫자나아가 수학를 가르치는 엄마들이 있었다. 하지만 나는 다른 무엇보다 아이들에게 책을 읽어주었다.

'우리 아이의 뇌 발달과 정서 발달에 어떤 책이 좋을까?' 생각하면서 온라인 서점을 자주 조사했다. 그러면서 『달빛 그림책 시리즈』, 『짝짜꿍 시리즈』, 『헤밍웨이 인성교육 동화』, 『월드 픽처 북』, 『차일드 애플』 등 다양한 시리즈물을 사서 읽어주었다.

어린아이들은 기본적으로 호기심이 많기 때문에 책을 좋아한다. 특히 엄마가 무릎에 앉히고 읽어주면 엄마의 호흡과 숨결을 같이 느끼면서 안정감을 갖게 된다. 당연히 책의 내용에도 훨씬 더 집중하게 된다. 우리 아이들 역시 여느 아이들과 다름없었다. 자기 고집을 피우며 떼를 쓰며 울기 일쑤였다.

하지만 그럴 때도,

"수홍아, 정아야, 책 읽어줄게. 읽고 싶은 책 가져와."

하면 울던 걸 이내 멈추고 책을 들고 왔다. 우리 집에서 책은 아이를 달래기 위해 필요한 중요한 도구이기도 했다. 그런 어린 시절을 보낸 수홍이와 정아는 이제 초등학생 2학년과 1학년이 되었다. 지금도 거실에는 여전히 책이 곳곳에 수북이 쌓여 있다.

TV는 작은 방으로 옮겨놓았고 가끔 할머니가 오실 때만 볼 수 있게 했다. 거실에 있는 책은 주로 시리즈물인데 요즘에 와서는 "엄마, 읽을 책이 없어." "다른 책 보고 싶어."라고 말한다.

아이들이 한 살 두 살 크다 보니 기존에 보던 책의 재미를 덜 느끼게 된 것이다. 게다가 책에 대한 나름의 평가도 한다. 한편으로는 대견스럽지만 다른 한편으로는 '사주는 대로 읽을 때가 좋았지.'라는 생각이 들기도 한다. 내가 그만큼 더 부응해야 하기 때문이다.

지금까지는 인터넷으로 아이들 책을 구매했다. 아이들과 가끔 도서

관을 갔지만 서점은 자주 가지 않았다. 아이들이 적극적으로 자신이 보고 싶어하는 책들에 대한 요구를 하지 않았기 때문이다. 하지만 이제는 내가 더 노력해야 할 때가 온 것 같았다.

'그래, 이제는 서점도 주기적으로 가야지.'라고 생각하면서 내가 사는 곳에서 가까운 고양 시외버스터미널 지하에 있는 교보문고를 찾았다. 교보문고 일산점은 출입구부터 어마어마했다. 아이들 길 잃어버리기 딱 좋은 크기였다. 들어가면서 나는 아이들에게 주의를 주었다.

"애들아, 엄마 손 꼭 잡아야 해. 길 잃어버리면 큰일이다!"

하지만 아이들은 모처럼 물 만난 물고기마냥 이리저리 뛰어다녔다. 읽고 싶은 책이 여기에도 저기에도 널려 있었기 때문이다. 그날 우리는 한 보따리의 책을 구매했다. 아이들은 읽고 싶던 동화책은 물론이고 요즘 맛들인 학습만화책도 골랐다. 나 역시 오랜만에 '책 쓰기' 관련서를 한 권 샀다. 아이들은 자기가 고른 책을 오는 차 안에서부터 무릎 위에 펼쳐놓고 보기 시작했다. 집에 와서도 여러 차례 반복해서 봤다. 아이들이 2~3살 무렵 알록달록하면서 소리까지 나는 책을 호기심에 찬 눈빛으로 보고 또 보던 모습이 겹쳐 보였다. 자기가 고른 책을 집중해서 즐겁게 읽는 모습을 보고 '왜 진작 아이에게 책 고르는 선택권을 주지 않았을까?' 하는 생각이 불현듯 들었다.

어린아이에게도 자신이 좋아하는 책의 종류와 분야가 분명히 있다. 물론 아이의 분별력은 아직 어른처럼 완전하지 않아서 부모의 지도가 필요하다. 하지만 적당한 범위에서 책을 고를 수 있는 선택권을 주면 독서는 아이들에게 훨씬 더 즐겁고 신나는 놀이가 된다.

그동안 나는 내가 관심을 갖고 있는 주제에 따라 골라 읽으면서 아이의 책은 아이의 의사와는 상관없이 선택하고 구매한 것이다. 물론 내가 선택한 책들이 아이에게도 즐겁고 유익하도록 심사숙고했지만 그것은 어디까지나 엄마인 내 입장이고 내 생각이다. 아이가 어느 정도 커서 자신의 판단 능력이 생기고 자신의 취향과 관심에 가지게 된다면 당연히 스스로 고를 수 있는 기회를 아이에게 주어야 하는 것이다.

아무리 심사숙고했다 하더라도 내가 일방적으로 사준 책을 볼 때와 아이들이 직접 고른 책을 볼 때의 모습은 확연하게 달랐다. 비슷한 분야, 비슷한 내용의 책이라도 자신이 고른 책을 읽을 때 훨씬 더 집중해서 재미있게 읽는다. 게다가 반복해서 읽으면서도 지루해하지 않는다.

내가 골라준 책은 잘 읽다가도 어떨 때는 싫증을 내는 경우가 있는데, 자신들이 고른 책은 언제 어디서나 재미있게 읽는 경우가 대부분이었다. 어린아이가 이럴진대 성인은 어떨까? 시간과 여유가 없는 성인의 독서일수록 스스로 골라서 읽어야 한다. 자기 관심과 호기심, 취향에 맞는 책을 골라야 더 집중해서 즐겁게 읽을 수 있기 때문이다.

책 선물이나 추천도 좋지만 책 '소개'를 해라

사람들은 간혹 책을 선물한다. 책을 선물하는 사람들은 보통 책을 좋아하는 사람들이다. 책을 선물할 때는 그 책에 깊은 감명을 받았을 때가 많다. 물론 나도 그랬다. 10년도 훨씬 전에 나는 다이 호우잉이라는 중국 작가가 지은 책을 한 권 읽고 깊은 감명을 받았었다.

몇 해 전 돌아가신 신영복 선생님이 번역한 『사람아 아, 사람아!』라는 책이다. 이제는 시간이 오래되어서 세부 내용은 가물가물하지만 중국의 문화혁명이 배경이었고, 등장인물들이 고난 속에서도 애틋한 사랑과 우정을 엮어가는 모습에 뭉클하고 깊은 감동을 받았던 기억이 난다. 나는 감동의 여운이 깊다 못해 당시에 그 책을 10

권 넘게 샀다. 그리곤 주변의 나와 친한 사람들에게 모두 선물했다. 멀리 있는 친구에게는 택배로까지 보냈다.

하지만 곰곰이 생각해보면 책이나 독서에 관심이 없는 사람은 내 의도와는 달리 선물이었는지도 인식하지 못했을 수도 있다. 어느 날 나 역시 '나에게 선물 받은 사람들이 그 책을 읽었을까?'라는 생각을 해본 적이 있다. 왜냐하면 친구로부터 선물 받은 책 한 권을 차일피일 미루다가 읽지 않은 나를 발견한 적이 있기 때문이다. 친구는 자기가 좋아하는 작가의 책이라면서 내게 그 책을 선물했다. 당시에 나는 나의 관심 주제와 상관이 없기는 했지만, 어쨌든 책이라서 감사하게 받았다. 이제 와서 보니 그때 속으로 '차라리 다른 책이거나 다른 선물이면 더 좋을 텐데.' 하고 생각했던 것 같다.

선물받은 책이 내가 원하는 책이 아닐 수 있는 것은 당연하다. 책을 선물하는 대부분의 사람들은 자신이 읽고 '이렇게 감동적인 책이라니!' 하거나 자신의 기준에서 '보면 좋을 텐데 아직 안 읽었겠지!' 라는 이유로 책을 선물하기 때문이다.

그래서 이제 나는 아무리 좋은 책을 발견했을 때라도 다짜고짜 선물하기보다는 적극적으로 '소개'한다. 내가 준 책 선물을 읽을 수도 있지만 안 읽을 가능성도 크기 때문이다. 책 소개는 책을 좋아하는 사람은 물론이고 독서가 아직 익숙하지 않는 사람에게도 더할 나위 없이 좋은 방법이다. 책을 좋아하든 좋아하지 않는 상관없이 책 선물은 최대한 신중히 결정한다. 대신 감명 받은 좋은 책에 대한 소개를 적극적으로 해서 상대방이 호기심을 느껴 직접 고를 수 있는 기회를 갖도록 한다.

추천 목록을 맹신하지 말고 나 맞춤식 선별을 하라

우리는 많은 곳에서 책 추천을 받는다. 주변 사람, 온라인 서점, 신문의 북섹션, 읽고 있는 책 등등 다양한 루트를 통해 다양한 종류의 책을 추천받는다. 그러나 추천된 책을 맹목적으로 선택하면 안 된다. 바로 이것이 진정한 자신의 독서로 발전하는 요령이다. 아무리 권위 있는 곳에서 추천받은 책이라 할지라도 일단 자신만의 기준으로 걸러 내야 한다. 간혹 당신의 모든 상황을 속속들이 알고 있는 가족친지나 친구가 책을 추천하는 경우가 있다.

이런 경우라면 검증의 잣대를 너무 까다롭게 하지 않고 관심을 가져도 될 것이다. 하지만 그저 일반적인 책에 대한 추천은 당신의 '필요와 관심'이라는 잣대를 갖고 적극적으로 선택해야 한다. 우선은 나의 지적 호기심이나 독서에 대한 관심을 이끌어주는 책이 중요하다. 특히 초보 독자일수록 맞춤식 책 선택이 중요하다.

책 고르기에 가장 쉽고 좋은 방법은 내게 필요하고, 내가 관심을 가진 주제를 찾아보는 것이다. 자신이 좋아하는 분야나 관심 있는 것이 무엇인지 키워드로 적어보라. 그리고 그 키워드에 맞게 온라인 서점에서 검색해보라. 그 주제와 관련해 그동안 출간된 모든 책이 검색된다. 그 책의 작가 프로필, 서문, 목차부터 서점 리뷰, 독자 리뷰까지 다양한 정보를 얻을 수 있다.

주변의 추천이나 베스트셀러 목록은 참고로만 한다. 무엇보다 자신에게 필요하고 맞는 책으로 동기 부여를 하며 고른다. 스스로에게 동기 부여가 된 책이라야 독서가 짐이 되지 않고 즐거워진다. 즐거운 독서는 인생이 긍정적으로 변화하는 가장 강력한 기회를 제공해준다. 성공적인 책 읽기의 시작은 당신에게 맞는 책을 당신 스스로 고르는 것부터라는 사실을 반드시 기억해야 하는 이유다.

당신에게 간절한 주제는 무엇인가

"닫혀 있기만 한 책은 블록일 뿐이다."

– 토마스 풀러

결국에는 당신이 골라서 읽게 되어 있다

결혼하고 아이 둘이 생기기 전의 일이다. 결혼이 늦었던 만큼 남편과 나는 정이 매우 두터웠다. 구체적 표현이 필요 없을 정도로 남편은 남편대로 나는 나대로 서로에게 최선을 다했다. 그리고 결혼 후 나의 첫 번째 생일이 다가왔다. 남편은 나름대로 무슨 선물을 할지 고심하는 듯했다. 드디어 생일날 남편은 나에게 상자 하나를 건네주었다.

보통 생일 선물상자 사이즈보다 좀 더 컸다. A4용지 3개를 붙여놓은 사이즈의 박스였다. 나는 설레는 마음으로 선물 포장을 풀었다.

'무엇이 들어 있을까?'

선물상자가 큰 걸 보니 더욱 궁금해졌다. 물론 상자 크기에 따라 선물의 가치가 결정되는 것은 아니지만 그래도 일단 크니 호기심도 커졌다. 조심스럽게 선물 포장지를 풀고 나서는?! 나는 너무나 놀라고 말았다. 좋아서 놀란 것이 아니라 그 반대였다. 선물상자 안에는 유행에 처져도 한참이나 뒤처진 옷이 들어 있었다. 색깔도 모양도 나의 취향과는 너무나 거리가 멀었다. 풍선에 바람이 빠지듯 나는 순식간에 기운이 빠져 버렸다.

하지만 차마 실망한 내색은 하지 못하고 가까스로 '고맙다'는 말을 건성으로 건넸다. 그리고는 선물상자 째로 옷장 안에 넣어두었다. 그렇게 하루 이틀 시간이 흐르자 다시 생각하게 되었다. 그래도 남편이 나를 위해 고심하며 정성스럽게 고른 선물일 텐데…. 그 마음이 다시금 생각나며 정말 고마웠다. 그리고 그날 나는 남편이 좋아하는 막걸리 한 병과 맛난 저녁 식사를 준비했다. 저녁을 마주하며 나는 한참 시간이 지난 뒤라 직접 하기에는 생뚱맞다는 생각이 들어 마음속으로 다음과 같이 말했다.

'자기야, 선물 정말 고마워. 나를 기쁘게 하고픈 마음이 느껴져서 너무나 행복해.'

옷 선물은 마음에 들면 천만다행이다. 오히려 마음에 안 드는 경우가 훨씬 많기 때문이다. 그 사람의 취향에 맞게 옷을 사기가 쉽지 않다. 아무리 같이 사는 가족이라도 취향을 완전히 맞추기는 매우 어렵다. 웬만큼 그 사람을 제대로 알지 않고는 옷 선물은 고르기가 힘들다. 그래서 옷 선물은 잘 하지 않는 것이 일반적이다.

옷만큼 까다롭지는 않지만 책도 마찬가지다. 남이 선물한 책은 잘 안 읽게 된다. 대부분 사람들은 자신이 끌리는 책을 고른다. 취향에 맞춰 무의식적으로 고르거나 특별한 목적을 가지고 고른다. 물론 베스트셀러나 남이 추천한 것을 읽기도 하지만 그것은 독서 초보자들에게 주로 나타나는 모습이다. 독서 생활을 하게 되면 점점 읽고 싶은 책을 스스로 선택해서 읽게 된다.

호기심과 궁금증이 책을 읽는 내적 동기를 발생시킨다

자신에게 맞는 책을 읽다 보면 독서에 몰입하게 된다. 자신이 하고 싶어서 하는 일은 누가 시켜서 하는 일과는 차원이 다르다. 일하는 과정이 즐거우면 당연히 결과도 좋다. 자신에게 맞는 독서도 이와 똑같은 이치다. 몰입이 잘 되고 즐거우니 그 책에서 느끼고 얻는 것이 많아진다. 즐거운 만큼 기억에도 오래 남아 자연스럽게 삶에 적용된다.

그리고 계속 읽고 싶은 욕구가 생긴다. 자신이 고른 책이니 책에 대한 호기심과 궁금증이 꼬리를 물고 생겨나는 것이다. 누가 읽으라고 강요해서는 그런 자연스러운 감정이 생기지 않는다. 호기심과 궁금증이 커지면 때와 장소를 가리지 않게 된다. 하루에도 여러 번 책을 읽게 된다.

"나의 하루에 독서라는 비타민을 맞아보자. 독서 비타민이 나의 내면을 풍요롭게 해 줄 것이다." – 『1일 1독』, 박지현

『1일 1독』을 쓴 박지현 작가의 표현대로 한다면 수시로 비타민을 섭취하는 것과 같다. 궁금증이 생기면 하루에 3번이든 4번이든 자투리 시간이 생길 때마다 책을 읽는다. 궁금증을 풀어야 하기 때문에 가정에서나 직장에서나 여유시간이 생기면 책을 보게 되는 것이다.

자신에게 맞는 책을 읽고 재미를 느끼는 것만으로도 좋은 독서 습관을 기를 수 있다. 모든 행동에는 내적인 동기가 우선한다. 자신에게 맞는 책은 호기심과 궁금증이라는 내적 동기를 생기게 하는 것이다. 독서의 내적 동기가 생겨난다면 언제 어디서 어떤 상태에 있든 상관없이 시

자신에게 맞는 책은 호기심과 궁금증이라는
내적 동기를 생기게 하는 것이다.

간을 쪼개서 책을 읽게 된다. 읽는 것이 매우 쉬워진다. 마법이다. 설령 연속된 시간이 없어도 문제되지 않는다. 잠시 생기는 빈 시간에도 책을 읽는다. 독서는 연속된 시간이 존재하거나 고정된 공간이 있어야만 가능하다는 고정관념의 틀에서 해방되는 것이다. 궁금증이 발동한 책은 아무 때나 읽게 되면서 자연스럽게 책 읽는 습관이 몸에 착 달라붙게 된다.

육아서를 처음 읽을 때의 나 역시 그랬다. 독서도 초보였고 육아도 초보였던 나는 육아에 대한 무지로 무작정 책을 읽기 시작했다. 그런데 한 권을 읽다 보니 더 알고, 게다가 잘 알고 싶은 욕망과 궁금증이 생겼다. 시간이 부족했지만 어떻게든 시간을 쪼개고 틈을 내서 1년에 100권 이상 읽었다.

그 후로는 매년 100권 이상씩 읽었다. 낙숫물이 바위를 뚫는다는 신념으로 자투리시간을 활용해 100권 이상 읽고 나니 '육아라면 나도 이제 할 말이 있다!'고 할 정도로 자신감이 생겼다. 나름대로 육아 전문가가 된 기분이었다.

게다가 덤으로 독서의 유익함과 즐거움을 알게 되었다. 무작정 찾아 읽기 시작한 육아 독서였지만 이제는 나를 육아 전문가로, 또 한편으로는 독서 전문가로 이끌어준 것이다.

나에게 맞는 책은 어떻게 고르는가?

그럼 구체적으로 나에게 맞는 책을 어떻게 골라 읽어야 하나? 특히 독서 초보자에게는 매우 어렵다.

'내게 맞는 책은 어떤 책이란 말인가?'

하루에도 수백 종의 새로운 책이 쏟아져 나온다. 해마다 수만 권 이상의 책들이 등장한다는 이야기다. 게다가 오랜 시간을 거쳐서 검증받은 좋은 책들도 수두룩하다. 이렇게 많은 책 중에서 나에게 맞는 책을 어떻게 선택할 것인가?

우선 내 경험을 돌이켜보자. 결혼이 늦었던 나는 남들보다 아주 늦게 아이 둘을 가지게 되었다. 게다가 아이 둘은 17개월 차이로 거의 쌍둥이를 키우는 느낌이었다. 아이 낳는 법을 체계적으로 배운 것은 아니어도 아이는 건강하게 낳았지만 육아의 세계는 달랐다. 나에게는 너무나 생소한 새로운 세계였다.

내 주변 가까이에는 육아의 방법을 가르쳐줄 사람도 없었다. 나는 너무나 막막했고 두려웠다. 그렇게 한참을 고민하던 와중에 우연히 『불량육아』, 『하루 나이 독서』, 『스칸디 부모는 자녀에게 시간을 선물한다』와 같은 책을 접하게 되었다. 나는 이 책들을 읽고 또 읽으면서 속으로 생각했다.

간절한 필요성을 느끼고 하는 독서는

나에게 읽는 습관과 함께 단번에 읽는 즐거움을 가져다주었다.

'내가 진작 이런 책들을 읽었다면 육아에 대한 마음고생을 이토록 심하게 하진 않았을 텐데….'

사람들은 언제나 가까이 있는 보물을 제대로 알아보지 못한다. 보물을 멀리서 어렵게 찾으려고 한다. 나 역시 그랬다. 육아에 대한 고민을 심하게 하면서도 손쉽게 구할 수 있는 책을 볼 생각은 하지 못했다.

어떤 전문가를 찾아야 하나, 누구에게 도움을 받아야 하나. 속으로 끙끙 앓기만 했다. 그러다 우연한 기회에 자연스럽게 책을 접하게 되었다. 그리고는 푹 빠져 들었다. 대학 시절 문학서적에 잠깐 빠졌던 적을 빼고는 오랜 시간 책과 담을 쌓고 살았던 나로서는 놀라운 일이었다. 간절한 필요성을 느끼고 하는 독서는 나에게 읽는 습관과 함께 단번에 읽는 즐거움을 가져다주었다. 또한 독서를 하면서 내 앞에 주어진 문제에 대한 해결 능력이 비약적으로 높아졌다. 육아가 훨씬 쉬워졌다. 내가 독서광이 되었음은 물론이다.

육아에 대한 책을 모두 찾아 읽고 나서 나는 서서히 다른 주제의 책에도 관심을 갖기 시작했다. 육아서를 150권가량 읽으니 여러 종류의 책에서 내용이 중복되는 것이 느껴졌다. 물론 내 안에 육아에 대한 지식도 늘어난 영향도 있다. 그러자 나는 육아에 이어 교육에 관련된 주제로 자연스럽게 관심을 이동시켰다.

우리나라 교육 제도를 비롯해서 북유럽 교육, 미국 교육, 덴마크 교육 등 외국 교육과 관련된 책도 전반적으로 훑어보았다. 그리고 육아와 함께 자녀교육과 밀접한 관련이 있는 뇌 분야에도 호기심을 갖고 찾아 읽었다. 나의 독서 주제와 관심 영역은 이렇게 꼬리에 꼬리를 물고 문어발식으로 주변으로 자연스럽게 확장되어 갔다.

그렇게 책을 읽다가 어느 순간에는 저자에 대한 관심으로 옮겨갔다. 그리고는 문득 오래 전부터 1인 기업가로 활동하고 있는 공병호 작가를 발견하고 그에게 매료되었다. 공병호 작가는 다양한 주제의 책을 쓰고 많은 강의를 하며 내가 하고 싶은 바를 먼저 눈부시게 실천하고 있는 사람처럼 보였다. 나는 그때부터 공병호 작가를 나의 롤모델로 정했다. 그리곤 그의 모든 책을 찾아서 읽었다.

톨스토이나 도스토옙스키처럼 위대한 문학적 감동을 준 작가에게 매료될 수도 있지만 현실에 존재하면서 내게 영향을 줄 수도 있는 작가에게 매료된다는 건 또 다른 기쁨을 주었다. 그 후로 나는 감동받은 작가의 책을 찾아서 그의 모든 책을 읽는 방법의 독서를 나 자신의 독서의 기술로 발전시켜 나갔다. 그렇게 하다 보니 독서에 몰입하는 즐거움을 새롭게 느꼈다.

이렇게 한 작가가 출간한 모든 책을 찾아 읽는 것을 '전작 독서'라고 한다. 책을 읽다 보면 자연스럽게 좋아하는 작가를 만나게 된다. 쉽게 말해서 자신과 코드가 맞는 작가가 생기는 것이다. 좋아하는 수준을 넘어서 롤모델로 설정한 작가의 책들을 모두 찾아서 다 읽는다고 생각해 보라. 내 삶에 보탬이 되고 내 생각에 깨달음을 줄 가능성이 많겠는가, 적겠는가? 내 경험에 비추어보면 전작 독서를 통해 내 생각과 삶에 많은 자극을 받고 많은 발전을 얻은 것 같다.

가장 잘 맞는 책은 자신의 내부에서 찾아라

자신에게 맞는 책을 선택하는 것에 부담을 갖지 마라. 간단하다. 현재 내가 갖고 있는 가장 큰 고민이나 화두가 무엇인가? 그 주제에 맞는 책을 선택하면 된다. 현실에서 해결할 문제나 고민이 없는 사람은 없다. 대인관계, 성공적인 직장 생활, 육아 문제, 교육 문제, 이사 문제, 부동산 문제, 자식 문제, 부부간의 문제, 언어나 대화법 문제 등등. 세상에는 그리고 세상을 살아가는 우리들 각자에게는 각양각색의 문제들이 있다. 그 가운데서 자신이 가장 관심을 갖고 있으면서 가장 필요로 하는 주제에 관한 책을 선택하면 집중력을 가지고 꾸준히 읽을 수 있는 좋은 책을 고를 수 있다.

한 가지 꼭 추가하고 싶은 기준이 있다면 자기 수준에 맞는 책을 고르라는 것이다. 독서 초보자일수록 남의 시선을 의식한다. 남을 의식한 책은 거의 재미를 느끼지 못하거나 읽기가 어려워 구매하고도 책꽂이에 그대로 꽂아 두게 될 가능성이 크다.

'70/30 법칙'으로 아는 내용이 70%, 모르는 내용이 30%인 책을 고르면 적당하다. 이 기준을 넘어서 모르는 게 많아지면 책이 어려워서 책 읽는 재미를 느끼기 힘들다. 자기 수준에 대한 객관적인 잣대를 가지고 수준에 맞는 책을 고르는 것이 현명하다.

자신에게 가장 잘 맞는 책은 자신이 읽고 싶은 책이다. 당신이 읽을 책을 외부에서 찾지 말고 당신 내부에서 찾아야 하는 이유다. 자신이 읽고 싶은 책은 어쩌면 지금 당신이 고민하는 현실 문제를 다룬 것일 수 있다. 또한 당신이 좋아하는 작가의 책일 수도 있다. 남들이 선택하는 어려운 책은 옆으로 치워두고 스스로 자유롭게 선택해보라. 당신이 끌리는 책을 선택하라. 자신을 믿고 선택하면 된다. 설사 실패해도 상관없다. 인생의 실패도 아니고 고작 책 한 권 고른 것에 대한 실패일 뿐이다. 그리고 그 실패도 대단치 않다. 책꽂이에 꽂아두고 다시 고르면 된다. 그렇게 몇 번 하다 보면 진정으로 자신에게 맞는 책을 만나게 된다. 그리고 책 고르는 것은 더욱 쉬워진다. 두려워하지 말고 자신에게 맞는 책을 과감하게 선택하라.

'70/30 법칙'으로 아는 내용이 70%, 모르는 내용이 30%인 책을 고르면 적당하다. 자기 수준에 대한 객관적인 잣대를 가지고 수준에 맞는 책을 고르는 것이 현명하다.

'하루 한 권' 플러스 – 내적 동기 부여가 중요한 이유

사람이 목표를 가지고 그것을 이루기 위한 행동을 할 때, 여러 가지 동기가 나타날 수 있다. 동기에 따라 사람은 더 오래, 더 열정적으로, 더 안정적으로 행동할 수 있다.

'동기'는 두 종류로 나눌 수 있는데, 외적 동기와 내적 동기이다. 외적 동기는 외부에 의한 압박이나 강요, 기대 혹은 성취함으로써 얻을 수 있는 보상으로부터 유발되는 동기이다.

내적 동기는 그 행동을 하는 과정에서 오는 즐거움, 재미, 보람, 지식 등으로부터 얻어지는 동기이다. 둘 모두 자연스러우며, 외적 동기를 가진다고 해서 문제가 되지는 않다.

그러나 내적 동기는 외적 동기에 비해 그 강도, 안정도 등이 높다. 또한 연구 결과, 외적 동기는 내적 동기보다 문제 행동이나 비정상적 행동을 유도할 수 있으므로 내적 동기를 유발시키는 것이 좋다. 내적 동기는 사람의 마음가짐이나 자세 외에 어떠한 외력 없이 자발적으로 열정적으로 꾸준히 그 행동을 하게 만든다.

나 중심으로 필요한 내용을 읽어라

"책 읽는 법을 아는 사람은 자기 자신을 확대하고
자신의 존재를 확대할, 또는 자신의 인생을 풍부하고 우수하게
그리고 재미있게 만들 수 있는 힘을 가지고 있다."

– 올더스 헉슬리

교과서 읽듯 책을 읽지 마라

'세 살 버릇 여든까지 간다.'

습관의 중요성을 말할 때 자주 사용하는 속담이다. 책 읽는 방법도 이 속담을 벗어날 수 없다. 우리가 한글을 배울 때를 생각해보자. 대부분의 부모는 자음, 모음부터 가르친다. 아이들은 '아버지'라면 '아', '버',

'지'라는 글자가 각각 자음, 모음이 합쳐져서 만들어졌다고 배운다. 또한 한글을 체화하기 위해 책을 읽을 때 글자를 의식하면서 또박또박 읽는다. 한 자 한 자 빠짐없이 읽는 연습을 한다.

그렇게 한 자 한 자 익히고 학교에 입학해서 교과서를 그렇게 읽는다. 시험에 대비한 공부이니 교과서는 더욱 꼼꼼히 공부하게 된다. 어른이 되어서도 교과서를 읽은 대로 읽어야 한다고 무의식중에 생각한다. 교과서를 공부하면서 읽듯 한 자 한 자 속으로 발음하면서 읽게 된다. 그리고 내가 배운 대로 아들, 딸들에게도 또 가르친다. 아이들 방학에 나는 집에서 한글 공부를 봐주고 있었다.

"자, 받침이 있으면 받침을 손가락으로 가리고 위의 글자부터 읽어. 그리고 손가락을 떼고 밑에 받침을 붙여 다시 읽자."

"엄마, 이 글자는 받침이 두 개야. 어려워. 무슨 글자야?"

아이들은 초등학교 2학년, 1학년이다. 큰 아이는 제 나이에 들어갔고, 작은 아이는 1살 빨리 입학을 시켰다. 초등학생인데 무슨 한글 공부냐고 의아해 하는 사람도 있을 것이다. 우리 아이들은 고등 과정까지 있는 대안학교를 다니고 있다. 그래서 초등학교 입학 전에 한글을 떼고 가는 아이들에 비해 한글 공부를 늦게 시작했다.

입학 전에는 한글을 거의 가르치지 않았다. 학교에 들어가면서 시작했다. 학교에서는 아이의 발달 단계에 맞추어 한글을 서서히 가르치자는 철학을 가지고 있다.

제 나이에 맞추어서 시키면 일단 스스로 동기 부여가 되기 때문에 습득이 빠르다. 한글도 발달 단계에 맞는 글자 공부를 하니 이해와 습득이 빨랐다. 아이의 한글 공부 완성도를 높이기 위해 매일 한 권씩 또박또박 읽도록 과제를 주었다.

책 한 권을 읽어야 아이가 하고 싶은 것을 할 수 있다. 아이가 큰 소리로 읽으면 나는 집안일을 하면서 그것을 듣는다. 제대로 이야기가 이어지지 않고 엉뚱한 발음이 튀어나오면 바로 확인을 해준다. 가끔 작은 아이는 한 문장을 또박또박 읽고 나서 말한다.

"엄마가 다시 읽어봐. 너무 느리니까 무슨 말인지 모르겠어."

한 글자씩 제대로 읽었지만 그 의미가 무엇인지 모르는 것이다. 글자 자체에 집중을 하니 정작 중요한 의미 파악이 안 되는 것이다. 한글을 배울 때는 한 자 한 자 읽는 이 방법이 유용한 방법이지만 의미를 파악해야 하는 책 읽기에서는 이 방법이 적당하지 않다.

사람들은 한글을 한 글자씩 또박또박 배웠듯이 교과서도 그렇게 읽는다. 더군다나 배우는 목적으로 읽는 교과서니 더욱 꼼꼼하게 보게 된다. 교사부터 빠짐없이 의미를 부여하면서 가르친다. 교과서는 과목별 핵심을 모아 놓은 책이다. 오랜 역사의 흐름 속에서 후손들에게 꼭 전수해야 할, 가르쳐야 할 핵심인 것이다. 나라마다 학교마다 교과서 내용은 다르지만 그 성격 자체는 같다. 각 나라에서 중요하다고 생각하는 분야별 엑기스의 모음이라는 점이다.

교과서로 책 읽기를 시작한 사람들은 모든 책을 그렇게 읽어야 한다고 무의식적으로 생각한다. 유년시절의 습관이 무섭다. 초등학교 때부터 배운 교과서 읽기가 평생 우리의 읽기 방법에 영향을 끼친다. 또한 독서를 어려워하는 사람들 중에서 교과서의 권위를 일반 책으로 전이시킨 사람이 많다. 공부하면서 교과서를 어렵다고 생각했기 때문에 일반 책도 그렇다고 생각한다. 쉽게 손이 안 간다. 책을 잡아도 교과서처럼 공부하듯이 보게 된다.

SNS 하듯 책을 읽어라

미디어 시대로 바뀌었다. 대부분의 사람들이 SNS를 하고 있다. 연륜이 있으신 분들도 블로그나 카페에 가입하여 노년을 즐기신다. 젊은 사람들은 말할 것도 없다. 페이스북, 인스타그램, 카카오스토리 등 많은

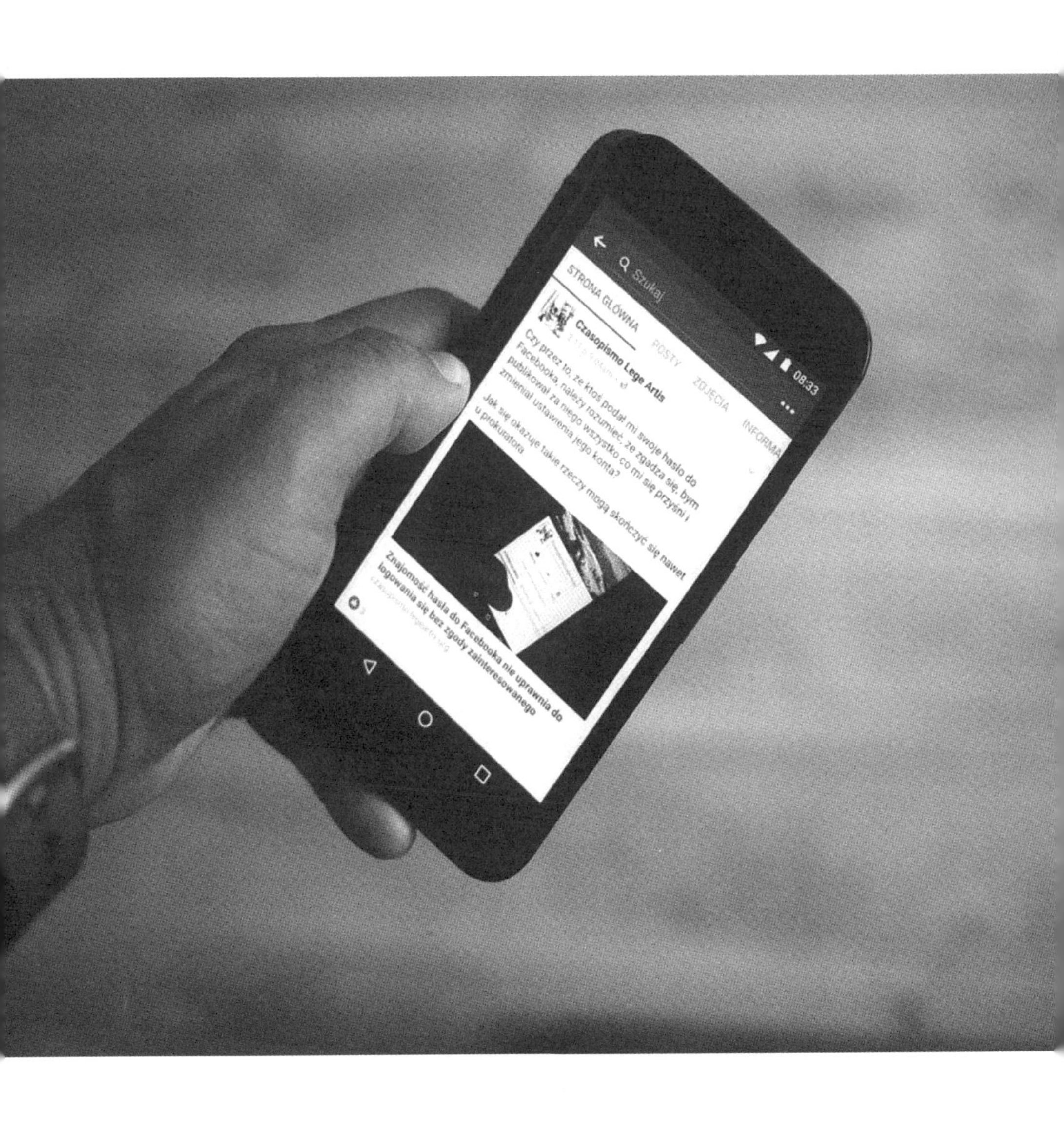

책도 SNS 하듯이 가볍게 읽어 낼 수 있다고 생각해보자.
책 읽는 방법에 대한 고정관념을 재점검해보라.

통로를 통해 매일 글을 읽고 쓴다. 비록 짧은 글이지만 하루도 빠짐없이 읽고 쓰는 활동을 하고 있다.

SNS에서 읽는 글들은 아무리 많아도 핵심 위주로 다 읽어낸다. 그리고 답장까지 쓴다. 읽는 입력 활동과 쓰는 출력 활동이 거의 동시에 일어난다. 우리가 현재 하고 있는 이 활동들은 책을 읽을 때도 가능하다. 책은 왜 이렇게 읽지 않는가? 왜 책은 무겁게 접근하는가? 책도 SNS 하듯이 가볍게 읽어낼 수 있다고 생각해보자. 책 읽는 방법에 대한 고정관념을 재점검해보라.

SNS에서의 빠른 읽기와 쓰기는 교과서 읽듯 하지 않고 부담을 안 가지기 때문에 할 수 있는 것이다. 교과서 읽듯 읽으면 그렇게 빠르게 즐기면서 할 수 없다. 잠시만 지체해도 쌓이는 글들로 엄청난 스트레스를 받는다. 이제 책도 그렇게 읽는 것이다. 부담 없이 내가 중심이 되어 나에게 필요한 내용, 핵심 내용을 찾아서 읽으면 된다.

무작정 읽기만 하지 말고 읽는 방법에 대한 고민을 해보아야 한다. 읽기 방법에 대해 가르쳐 주는 곳은 없다. 학교에서 '국어'는 배워도 읽는 방법은 특별히 배우지 않는다. 그렇다면 우리는 어떻게 읽었을까? 초 · 중 · 고교 과정 최소 12년 동안 어릴 때 한글 배우듯이, 학교에서 교과서로 공부하듯이 꼼꼼하게 읽었다. 그리고 그 방법이 자연스럽게

인이 박여 꼼꼼하게 처음부터 끝까지 읽는 방법이 제대로 된 책 읽기 방법이라고 각인되었다. 최근 다양한 독서법이 계발되고 많이 알려져 있지만, 그것은 남의 일이고 자신과는 상관없는 일이라 여기게 된다.

시대가 바뀐 만큼 독서법도 이제는 제대로 바꿔야 한다. 교과서 읽듯이 한 자 한 자 빠짐없이 공부하는 기분으로 읽다가는 지친다. 열심히 한 권을 읽고 난 후 그 다음 책은 계속 미루게 된다. 책을 읽지 못할 이유는 무궁무진하다. 지치지 않는 방법으로 해야 부담 없이 독서를 즐길 수 있다.

속 발음하며 '속'으로 읽지 말고 '뇌'로 읽어라

"독서는 인간을 정신적으로 충실하고
명상으로써 심오하게 해줄 뿐만 아니라 영리한 두뇌를 만들어준다."

– 벤자민 프랭클린

독서는 그 자체만으로도 뇌가 좋아하는 활동이다

독서가 어려워 작심삼일로 끝나는 사람도 많다. 책 읽는 것은 결국 뇌가 왕성하게 활동하는 적극적인 활동이다. 그렇다면 뇌가 좋아하는 책 읽기를 하면 어떨까? 먼저 '뇌가 좋아하는 방식이 있단 말인가' 의아해 할 것이다.

'그냥 책을 읽으면 되지. 뇌가 좋아하는 것이 어디 있어?'

그렇게 생각한다면, 먼저 뇌의 구조적인 부분을 간단히 알아보자. 『어떻게 읽을 것인가』의 저자 고영성 씨는 말한다.

"뇌의 질량은 약 1.4kg으로 사람 몸무게의 2%에 불과하지만, 인간의 생명 유지에 필요한 에너지의 20%를 쓰며, 심지어 갓 태어난 아기의 뇌는 총 에너지의 65%를 소모한다. 또한 유전자의 80%가 뇌와 관련이 있다. 그만큼 인간에게 뇌는 중요한 기관이다. 인간의 뇌에는 약 1,000억 개의 신경세포, 즉 뉴런neuron이 있다." – 『어떻게 읽을 것인가』, 고영성

평소 우리는 뇌에 대해 생각하지 않고 산다. 너무나 소중한 생명줄이지만 자연스럽게 존재하기에 생각하지 않는 공기와 같다. 뇌는 사고와 행동에 전반적으로 관여한다. 다만 우리가 의식을 하지 않을 뿐이다. 특히 책 읽기에서 뇌는 중추적 역할을 한다고 볼 수 있다.

평소 책을 읽을 때에도 뇌가 좋아하는 핵심을 찾는 노력을 하면 좋다. 평상시에 뇌를 의식하는 사람은 없겠지만 책을 읽을 때는 뇌를 의식해야 한다. 책 읽기는 결국 적극적인 뇌 활동이기 때문이다. 책은 뇌가 좋아하는 방식으로 읽어야 제대로 오랫동안 읽을 수 있다.

무엇이 중요한지는 뇌가 판단한다

학교 다닐 때 보면 공부를 열심히 하는 것 같지 않는데 성적이 잘 나오는 친구들이 있다. 그런 아이들은 부러움의 대상이 된다. 그런 아이들은 어떻게 공부를 했을까? 집에 가서 코피가 쏟아지도록 열심히 공부할까? 남들 잘 때 자지 않고 두 눈 벌겋게 되도록 노력할까? 그렇다면 피곤에 절어 있어야 하는 것 아닌가? 정작 그런 힘든 모습도 아니다. 그들만의 무슨 특별한 비법이 있는 걸까?

언니는 어릴 때부터 공부를 잘했다. 엄마는 몸이 약해서 항상 아프셨고 아버지는 일을 하시느라 여유가 없었다. 하지만 언니는 누구의 도움 없이도 반에서 항상 상위 등수를 받았다. 학교에서도 인정받고 부모님께도 효녀였다.

언니는 공부만 잘한 것이 아니라 책 읽는 것도, 글 쓰는 것도 특별한 재능을 보였다. 지금 와서 곰곰이 생각해보니 언니는 남들과 다른 특별한 방법을 가지고 있었다. 책을 읽을 때 글자를 따라서 읽지 않았다. 속 발음 없이 핵심 위주로 책을 읽었다.

속 발음을 한다는 것은 한 글자 한 글자를 속으로 읽는다는 뜻이다. 이렇게 글자를 하나하나 발음하면 뇌는 그 글자를 기호로서 받아들이고 그 후에야 의미를 파악한다. 이렇게 단어를 만들고 그 다음에 문장

의 의미를 분석하게 된다. 이렇게 읽는 방법은 속도와 독해력을 떨어트린다. 속 발음이 없으면 핵심 위주로 빠르게 읽기가 가능했다.

이에 반해 속 발음 없이 핵심 위주로 읽는 방법은 뇌가 좋아하는 방법이기 때문에 투자 시간에 비해 입력이 잘 된다.

『포커스 리딩』의 박성후 작가는 두뇌가 책을 읽을 때 '무엇이 중요한가'부터 판단한다고 했다. 뇌는 핵심을 먼저 본다. 미시적인 내용보다 거시적인 내용에 집중한다. 의식하지 않아도 중요하다고 여겨지는 내용에 시선이 집중되고, 빠른 속도로 책을 읽더라도 필요한 내용 중심으로 시선이 움직이게 되는 것이다.

당신의 뇌는 이미 핵심만 읽는 방법을 알고 있다

나는 '핵심 위주로 읽는 방법'이 뇌가 좋아하는 방법이라는 것을 경험한 적이 있다. 예전에 공인중개사 시험을 보러 갔다. 시험지를 딱 받고 보니 문제의 지문이 굉장히 길었다. 지문을 읽는 데만도 시간이 꽤 걸렸다. 거기에다 부동산 용어라 이해력이 떨어졌다. 3분의 2정도 풀었는데 종료시간이 10분 정도밖에 안 남았다는 안내가 들렸다. 아직 8문제나 남아있었다. 시간은 부족하고 마음이 다급해지면서 심장이 콩닥콩닥했다.

'지문이 기니까 2~3문제만 정확히 읽어보고 정답을 맞혀볼까? 아니면 8문제 다 도전을 해볼까?'

짧은 순간 고민하다가 다 풀기로 결심했다. 10분 동안 읽기만 해도 부족한 시간이었다. 나는 그때 내 안의 누군가가 문제를 푸는 듯한 느낌을 받았다. 앞 문제에서는 한 자씩 정성들여 읽었는데도 보이지 않았던 핵심이, 마지막 8문제를 풀 때는 잘 보였다. 그 핵심을 반복해서 읽으며 문제를 풀었다. 내 뇌의 잠재력이 발동되는 느낌이었다. 결과는 어땠을까? 마지막으로 푼 8문제는 대부분 정답이었다.

이런 경험을 통해 나는 평소 느끼지 못한 뇌의 능력을 알게 되었다. 부족한 시간 속에서 뇌는 철저히 핵심을 잡아 문제를 해결하였다. 우리는 평상시 의지와 이성이 중요하다고 생각한다. 하지만 이성적으로 판단했을 때 불가능하다고 생각한 것들이 뇌의 잠재 능력을 발휘하게 만든다.

어떤 사람은 "뇌가 곧 나."라고 말한다. 뇌를 생각하지 않고 기존의 습관대로 읽는 것은 자신을 과거의 수준에 머물게 한다. 뇌가 새로운 정보를 제대로 활용하지도 못하게 하고 새로운 개념을 받아들이지도 못하게 하는 것이다.

1권을 자연스럽게 반복하는 3차 독서법

다양한 분야의 책을 많이 읽으면 기억에 남지 않을 때가 있다. 육아서는 기존 지식이 쌓여 있었기에 느끼지 못했는데 관심 주제가 많아지자 눈에 띄게 기억을 못했다. 읽고 나서 책만 덮으면 금방 잊어버리는 상황에 허탈하기까지 했다. 그래서 새로운 독서법을 알게 되었다.

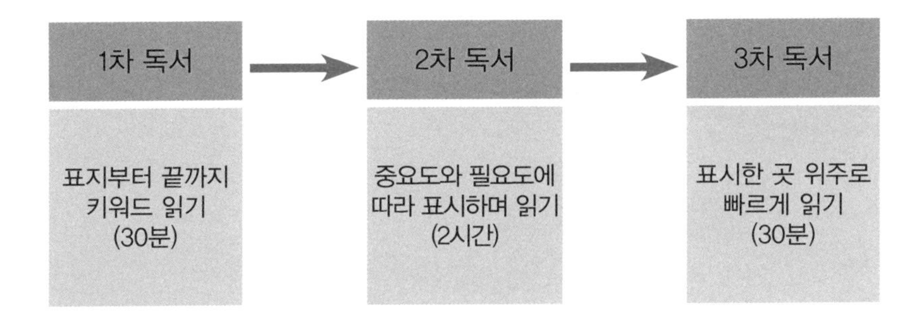

기억에는 자연스러운 반복이 중요하다. 나는 1권의 책을 2~3번으로 나누어서 읽었다.

- **1차 독서** : 본격적인 책을 읽기 전에 키워드를 찾으면서 훑어 읽기를 먼저 한다. 표지부터 시작해서 핵심 문장이나 단어를 확인한다. 머리말도 꼼꼼히 읽는다. 머리말에는 저자가 책을 쓴 목적이 드러난다. 목차를 보면서 전체적 구조와 흐름을 파악하고, 본문의 소제목으로 책 전체를 살펴본다.

- **2차 독서** : 호기심과 관심에 따라 중요도 혹은 필요도 기준으로 책에 표시를 하면서 읽는다. 독서 목적을 생각하면서 읽되, 읽고 싶은 부분은 먼저 읽기도 한다. 속도를 조절하면서 줄을 그어도 된다. 책과 내 느낌에 따라 자유자재로 읽는다.

- **3차 독서** : 2차 독서에서 줄을 많이 그어져 있는 등 표시가 많이 되어 있는 책은 나에게 도움이 많이 되는 책이다. 마무리한다는 느낌으로 표시한 곳 위주로 빠르게 읽어 나간다.

이렇게 한 권을 여러 번 읽으면 시간이 많이 소비될 것 같지만, 길어야 3시간이다. 숙달되면 시간은 단축된다. 사람과 친해지는 좋은 방법중 하나가 짧더라도 여러 번 만나는 것이다. 책도 짧은 시간 여러 번 보면 훨씬 잘 알게 되고 책과 친해질 수 있다. 더 여러 번 보면 저자가 무엇을 쓰고 싶었는지 느껴지면서 내용도 잘 기억된다.

'꼼꼼히 한 번'보다 '가볍게 여러 번' 음악 듣듯 읽어라

기억하기 위해 읽으려면 공부할 때 방법으로 읽어야 한다. 학창시절에는 그렇게 공부해놓고, 어른이 되어서는 겨우 한 번 읽고 전부 기억하기를 원한다. 나름 노력을 한다는 게 '꼼꼼하고 느리게' 읽는 것이다. 하지만 '꼼꼼히 한 번'보다 '가볍게 여러 번'이 더 잘 기억된다. 위와 같은 함정에 빠져 있으면 책 읽는 속도도 느려질 뿐만 아니라, 힘들게 다 읽어도 남는 것이 없다. 시간 낭비다. 또한 책 한 권을 그렇게 힘들게 읽었으니 부담감이 느껴진다. 책과 친구가 될 수 없다.

진정한 독서의 가치는 '읽는 동안의 사색'이다. 책을 통해 그 동안 한 번도 생각하지 못한 특별한 문장을 만날 수도 있다. 그것이 잔잔한 깨달음을 주기도 한다. 인생에서 중요한 결단을 내리는 데 촉매제가 되기도 한다. 책에서 중요한 것은 '기억하는 것이 아니라는 뜻'이다. 그보다는 소소한 읽기의 행복감을 느끼면서 좀 더 쉽고 가볍게 책을 대하기를 바란다.

음악을 듣듯이 책의 내용이 내 마음에 흐르게 하는 것은 어떨까? 가사도 음도 정확히 모르지만 음악을 여러 번 듣다 보면 내 마음에 무엇인가가 남듯이 책도 그렇게 여러 번 가볍게 읽기를 권한다. 그러면 마음에 오랫동안 기억되는 것이 있을 것이다. 또한 그렇게 하면 뇌도 최대한의 능력을 발휘해 좀 더 편안하게 독서의 세계에 입문할 수 있을 것이다.

진정한 독서의 가치는 '읽는 동안의 사색'이다.
책을 통해 그 동안 한 번도 생각하지 못한
특별한 문장을 만날 수도 있다.

독서하면서 본전 생각하면 바보다

"책을 사느라고 돈을 들이는 것은 결코 손해가 아니다.
오히려 훗날 만 배의 이익을 얻을 것이다."

– 왕안석

본전 생각하면서 책에 쓰는 돈과 시간을 아까워하지 마라

나는 첫 해외여행을 필리핀으로 갔다. 여행사에 패키지로 신청했다. 여행사의 안내에 따라 3시간 전에 인천공항에 도착해보니 우리 일행으로 보이는 사람들이 10명 정도 모여 있었다. 모두들 들뜬 표정이었다. 옷으로 여행 분위기를 한껏 낸 사람들도 보인다. 안내자의 설명을 듣고 우리는 비행기에 올라탔다.

필리핀에 도착한 당일은 늦은 시각이라 바로 호텔로 들어갔다. 그 다음날부터 본격적인 여행이 시작되었다. 패키지 여행이다 보니 어디를 가든 몰려 다녔다. 버스를 타고 이동하여 관광지에 도착하면 관광할 시간을 준다. "몇 시부터 몇 시까지 관광하시고 몇 시까지 다시 이 자리에 모이세요." 가이드의 설명을 듣고 각자 흩어져 관광을 했다.

나는 하나라도 더 구경하기 위해 열심히 걸었다. 다른 사람들도 마찬가지였다. 사실 볼 것이 그렇게 많지 않은 곳에서도 가만히 있는 사람은 없었다. '언제 다시 이곳에 오겠어!'라고 생각하면서 열심히들 다닌다. 볼 것이 마땅하지 않아도 열심히 걸어 다니는 것은 본전 생각이 나서일 것이다. 물론 동남아 여행은 다른 유럽이나 미국, 기타 선진국에 비해서 여행경비가 저렴했지만 사람의 마음이라는 것이 그렇다. 본전 생각이 자연스럽게 생긴다. 물론 나도 마찬가지로 본전을 뽑기 위해 열심히 구경하면서 다녔다.

패키지 여행할 때의 본전 심리처럼 책을 한 권 구매하는 데도 이런 심리가 발동한다. 책 한 권도 자신의 결단 끝에 구매하게 된다. '내가 얼마나 많은 것을 얻을 수 있을까?', '재미있을까?', '책을 잘못 사서 실패하는 것은 아닌가?' 여러 가지 생각을 하면서 산다. 제목, 목차, 머리말까지 꼼꼼히 읽어도 이런 망설임은 완전히 가시지 않는다.

본전 심리가 발동하는 것은 책 구매에만 한정되지 않는다. 도서관에서 빌려 보는 책에도 이런 심리가 생긴다. 돈이 투자되는 것은 아니지만 시간도 돈 만큼이나 소중하기 때문이다. 바쁜 세상에 읽을 수 있는 시간은 제한적이다. 책을 빌리기 전에 시간 낭비가 될 책을 걸러내기 위해 여러 번 훑어본다.

나는 간혹 대여한 책과 산 책을 비교해본다. 독서 초창기에는 주로 도서관 책을 빌려서 봤다. 육아서는 대부분 도서관에서 빌려 봤다. 그래서 지금 집 책꽂이에 육아서는 거의 찾아볼 수 없다. 그것이 안타깝다. 내가 줄을 긋고 메모하면서 그 당시 열정적으로 읽은 육아서를 볼 수 없다는 것이 아쉽다. 과거에 읽은 육아서를 통해 그 당시의 나의 감정과 상황을 추억해볼 수도 있는데, 그런 추억 도구가 없는 것이다. 대여하는 책의 최대의 단점이라고 할 수 있다.

과거에 읽은 책을 다시 들여다보는 것이 자주 있는 경험은 아니다. 그래도 추억의 사진을 가끔씩 뒤져보고 싶듯이 읽은 책도 가끔 다시 읽고 싶을 때가 있다. 과거에 힘이 되었고 감동을 주었던 책을 다시 읽고 싶은데 막상 그렇게 못하면 그리움과 아쉬움은 남는다.

사는 책은 대여하는 책에 비해 돈이 들어가기 때문에 많으면 부담이 된다. 그래도 다른 소비와 가성비를 따지면 결코 비싼 편이 아니다. 본전 생각하면서 구매를 망설이지 마라. 한 가지라도 배우고 나의 삶에 긍정적 영향을 받았다면 본전 뽑은 것이다. 그 한 가지가 나의 인생을 바꿀 그 무엇이 될 수도 있다. 내가 산 책으로 책 안의 거인들과 마음껏 만날 수 있는 시간은 대여 책과는 또 다른 만족감을 안겨준다.

물론 본전을 생각하는 것은 자연스러운 심리이다. 누구나 본전을 생각한다. 하지만 기억해야 할 점은 본전 심리 때문에 부작용이 발생할 수 있다는 사실이다. 중요한 것을 오히려 놓칠 수 있다. 본전 심리에 취해 있으면 시야가 좁아진다. 즉 숲과 나무를 동시에 보아야 하는데 나무만 보게 된다. 결국 코앞의 본전을 보다가 정작 중요한 것을 놓칠 수가 있는 것이다.

나는 필리핀 여행 중 무리하게 관광하면서 몸의 피로감을 느꼈다. 마음도 급해졌다. 왜냐하면 다시는 못 올 곳이라는 조바심에 하나라도 더 구경해야겠다고 욕심을 부렸기 때문이다. 여행은 일상으로부터의 자유 아닌가? 바쁜 일상으로부터 벗어나 여유를 찾기 위해 여행을 떠나는 것인데, 여행지에서도 일상의 강박관념과 본전 심리를 버리지 못한 것이다. 또 뷔페 음식점을 가면 이런 본전 심리가 발동한다. 무리해서 많이 먹게 된다. 먹을 때는 즐겁지만 무리한 음식 섭취 때문에 불편한 속을 감내해야 한다. 그 다음날도 속은 여전히 불편하다. 차라리 뷔페 음식점을 가지 말았어야 했다고 후회까지 한다.

실패하는 책은 없다, 아끼지 마라!

독서에도 비슷한 본전 심리의 부작용이 있다. 앞에서도 언급했듯이 책을 구매하면서 많이 망설이게 된다는 것이다. 잘못된 선택을 할까봐, 실패할까봐 두려워한다. 실패 좀 하면 어떤가? 인생에 실패하는 것도 아니고 고작 책 한 권 구매에서의 실패다. 실패할까봐 구매를 포기해서 얻는 이득보다, 실패하더라도 한 권을 구매해서 읽는 이득이 훨씬 더 크다. 모자란 자식이 효도하듯이 어쩌면 실패라고 판단했던 책이 기적 같은 깨달음의 한 문장을 안겨다줄 수도 있다.

책값이 비싸다고 느낄 수도 있지만 온라인 서점을 이용하면 10% 정도 할인과 마일리지 적립까지 받는다. 술값은 아깝다고 생각하지 않으면서 책값은 비싸다고 생각하는 사람이 있다. 술값의 일부라도 투자하면 많은 책을 구매할 수 있다. 책을 구매하는 것은 하나의 투자라고 생각하라. 책을 선택 구매하면서 항상 성공할 수는 없다. 실패하기도 한다. 그런 실패를 통해 책 선택하는 안목과 실력이 향상된다.

책을 구매했으나 읽는 도중에 본전 생각하면서 읽는 경우가 있다. 내 주머니에서 내 돈으로 구매했기 때문에 더욱 그런 생각을 하게 된다. 읽는 도중 본전 생각으로 흐름을 타지 못하면 어떤 부작용이 있을 수 있을까? 3가지로 나누어서 말해보고자 한다.

실패할까봐 구매를 포기해서 얻는 이득보다,
실패하더라도 책 한 권을 구매해서 읽는 이득이 훨씬 더 크다.

첫째, 책 읽는 진도가 나가지 않는다. 대여한 것이 아니라 구매한 책일수록 더욱 꼼꼼하게 읽게 된다. 완전히 이해가 될 때까지 그 페이지를 넘기지 못한다. 또한 이해가 되지 않으면 앞 페이지로도 다시 간다. 봤던 곳을 여러 번 보게 된다. 하루가 지나고 이틀이 지나도 고작 넘어간 페이지는 10페이지도 되지 않는다. 일주일이 지나면 70페이지가 된다. 일주일이 지나면 그 전에 읽은 내용의 기억이 가물가물해진다. 다시 앞으로 가서 읽는다.

둘째, 책 읽는 진도가 느리니 완독하기가 어려워 성취감을 느끼기 어렵다. 성취감은 한 권의 책을 읽으면 자연스럽게 얻을 수 있는 감정이다. 한 페이지 넘기면서도 성취감을 느낄 수 있다. 책 한 권을 다 읽고 난 뒤의 성취감은 더욱 크다. 독서 초기일수록 이런 성취감을 자주 느껴야 독서의 즐거움도 두 배가 된다. 독서 습관도 빠르게 형성된다. 일주일에 최소 한 번 이상은 느껴야 한다. 누구나 완독의 성취감을 하루에 한 번 충분히 느낄 수 있다. 하루 한 번 완독의 성취감은 불가능하다고 스스로 한계를 지어놓았기 때문에 못 이룰 뿐이다.

셋째, 책 읽는 것이 지겨워진다. 아무리 좋은 말도 세 번 이상 들으면 듣기 싫어진다는 말이 있다. 아무리 재미있는 책도 어느 정도 속도가 있어야만 재미있다. 자신이 관심 있어 구매한 책이면 일단은 재미를 느길 수 있다. 그런데 본전 뽑겠다고 너무 꼭꼭 씹어서 읽으면 속도도 떨어지고 재미가 없어질 뿐 아니라 지겨워진다. 어느 정도 속도가 있어야 이해가 빨라진다. 그러면서 진도가 나가야 재미있다. 자신에게 맞는 좋은 책을 본전 심리 때문에 가치 없는 책으로 만든다.

본전 심리가 때론 여러 부작용을 만들 수 있다는 것을 알았다. 우리는 본전을 뽑기 위해서 노력하지만 그 노력은 근시안적인 경우가 대부분이다. 그것이 오히려 나쁜 결과를 만든다.

마음에 드는 책은 본전 생각하지 말고 구매하라. 읽을 때도 본전 생각하지 말고 자신의 느낌대로 흐름을 타면서 과감하게 읽어라. 꼼꼼하게 한 자도 놓치지 않으며 읽는다고 해서 모든 내용이 자신에게 의미가 생기지 않는다. 완전히 자신의 것이 된다는 보장도 없다. 책의 모든 것을 다 내 것으로 만들 수는 없다. 진정한 본전은 무엇인가? 한 번 생각해보라. 책을 읽고 한 가지라도 깨닫고 자신의 삶에 적용하여 어제보다 한 뼘 변화된 자신을 만나는 것이다. 진정한 본전을 위한 지혜로운 독서가가 되길 바란다.

‘하루 한 권’ 플러스 – ‘본전 심리’의 오류

본전 심리는 다양한 말로 표현된다.

“내가 들인 게 얼만데.”

“뽕을 뽑아야지.”

“아까워서라도 ~는 해야지.”

미래에 생길 어떤 보상이 크지 않은데도 본전이 아까워서 어떤 행동을 하기도 한다. 경제학에서는 이를 ‘매몰비용의 오류’라고도 부른다. 과거에 이미 지불하여 되돌릴 수 없는 비용을 경제 용어로 ‘매몰비용’이라고 한다. 지금 하고 있는 일을 하던 방식으로 계속하면 효용이 크지 않거나 오히려 손해를 볼 것을 알면서도, 과거에 어떤 투자를 했기 때문에 계속 그렇게 하는 것이다. 사람들은 투자한 것을 ‘실패’라고 판단 내리기 싫어 정당화하기 위해서라도 더 깊게 함정에 빠지기도 한다.

구매한 책이 필요한 내용이 아닌 경우, 그 책을 읽는 방법이 전혀 즐겁지 않은 경우에도 ‘책을 산 돈, 책을 고른 시간’이 아까워서 꾸역꾸역 필요하지도 않은 내용을 읽고 재미 없는 내용까지 꼼꼼히 보게 되는 것도 이런 경우이다.

2장

삶을 변화시키는 독서 원칙

"좋은 책을 읽는 것은
과거 몇 세기의 가장 훌륭한 사람들과
이야기를 나누는 것과 같다."
– 르네 데카르트

인생을 바꾸려면 독서를 1순위로 올려라

"진정한 책을 만났을 때는 틀림이 없다.
그것은 사랑에 빠지는 것과도 같다."

– 크리스토퍼 몰리

시간 매트릭스로 하루 한 권 독서를 실천하라

"일상생활하면서 가장 중요하게 생각하는 부분이 있나요?"

"당신은 어디에 우선순위를 두면서 살고 있나요?"

이런 질문을 받으면 당신은 무엇이라고 대답할 것인가? 대부분의 보통 사람들은 이런 질문은 자주 받아보지 않을 것이다. 당황할 수밖에 없다. 속으로 당황하는 또 다른 이유는 스스로 그런 생각을 전혀 해보지 않았다는 사실 때문이기도 하다.

'우선순위.'

또한 들어보기는 했어도 그것을 자신의 삶에 적용하여 실천하는 사람은 드물다. 평범한 사람들은 하루하루 주어진 역할과 과제를 수행하기에도 바빠서 '우선순위'를 생각할 여력이 없기 때문이다. 직장인들은 출근할 때부터 여유가 없다. 아침을 먹는 둥 마는 둥하고 만원 전철에 자기 몸을 밀어넣기 바쁘다. 어린 아이 엄마들은 좀 쉴 만하면 울어대는 아이 돌보기도 벅차다. 직장인은 직장인대로, 주부는 주부대로, 대부분의 사람들은 주어진 일 중심으로 묵묵히, 열심히, 그리고 바쁘게 살아간다.

그렇다면 성공한 사람들은 어떨까? 평범하지 않은 그들의 삶은 어떨지 궁금해진다. 그들은 평범한 사람들보다 더 바쁘고 더 시간이 없을 것이다. 그런데 신기한 것은 그들이 훨씬 탁월하고 놀라운 성과를 많이 낸다는 사실이다. 새로운 발견이나 발명들은 모두 그들의 영역이다. 그렇게 바쁘고 시간이 없어보이는데 언제 그 많은 일들을 했을까? 평범한 사람들이 가지고 있는 기준, 즉 '열심히 하면 돼!', '열심히 하는 것이 최고야!'라는 사고방식으로는 도저히 이해할 수 없다.

성공한 사람들의 놀라운 성과 뒤에는 반드시 우선순위를 매기는 습관이 있다. '생각하지 않고 살면 사는 대로 생각하게 된다.'는 말이 있다.

드와이트 아이젠하워(1890~1969)

내가 중심이 되어 우선순위를 두는 생활을 하느냐 아니면 세상이 중심에 맞춰 끌려 다니는 삶을 사느냐의 문제다. 주어진 생활을 성실하게 살아내는 것도 중요하다.

하지만 그것보다 더 중요한 점은 내가 주체가 되어 우선순위를 매기고 나의 삶을 주동적으로 살아가는 사실이다. 내 삶에 무엇이 더 중요하고 필요한지 우선순위를 확인하여 시간안배를 하고 능력을 배분하여 실천해가는 삶이 결국 높은 성과로 이어진다. 이런 삶을 꾸준히 계속하다 보면 스스로도 놀라워할 성공적인 삶으로 변하게 된다.

미국 제 34대 대통령 아이젠하워가 제안한 시간 매트릭스가 있다. 그는 우리가 사용하는 시간을 4가지로 나누어서 설명했다.

첫째는 중요하지도 않고 급하지도 않은 일을 하는 시간이다.

둘째는 중요하지 않은데 긴급한 일을 하는 시간이다.

셋째는 중요하고 긴급한 일을 하는 시간이다.

넷째는 중요하지만 급하지 않은 일을 하는 시간이다.

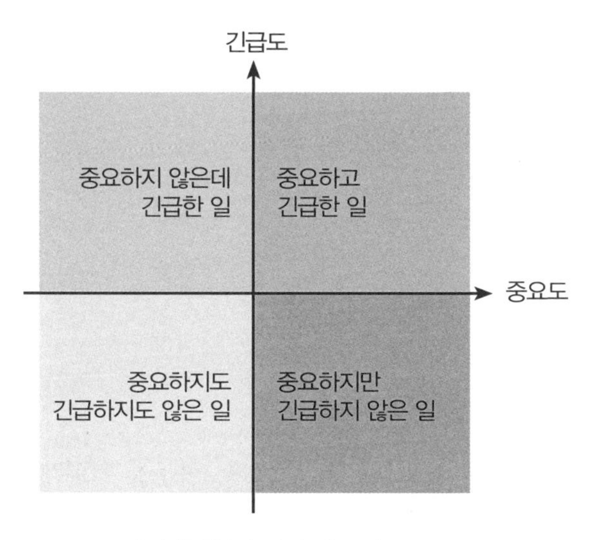

아이젠하워의 시간 매트릭스

아이젠하워는 4가지 시간 중에서 네 번째 시간, 즉 중요하지만 급하지 않은 일을 하는 시간을 늘릴 것을 강조한다. 중요하지만 급하지 않은 일은 어떤 일이 있을 수 있을까? 그것은 자기를 위해 투자하는 일들이다. 당장 가시적 결과가 없더라도 길게 보고 자신의 삶을 위해 노력하는 일들이다. 자기계발을 위해 노력하는 모든 일이 여기에 포함된다.

많은 사람들이 다양한 자기계발을 하고 있다. 미래를 위해 자신의 재능과 능력을 키우는 것이다. 자신의 재능과 능력을 꾸준히 계발해나가면 근본적인 삶의 변화가 찾아온다. 가장 손쉽게 시공간의 불편함 없이 할 수 있는 자기계발은 독서다.

'성공한 사람의 대부분은 다독가이다.'라는 말이 있다. 성공한 사람은 바쁜 일상을 보내면서도 의외로 독서의 대가인 사람들이 많다. 어찌 보면 독서는 성공의 필수요건이다. 성공하는 사람들이 탁월한 성과를 지속적으로 만들어낼 수 있는 것은 바로 독서를 우선시하는 생활패턴 때문이다.

아침이 하루의 성패를 결정한다

하루의 시작은 하루생활을 결정한다. 하루를 어떻게 시작하느냐에 따라 그 날은 지대한 영향을 받는다는 의미다. 아침의 생각, 감정, 말, 행동 등 모든 것이 영향을 미친다.

아침의 감정이 하루 종일 가는 경우도 있다. 아침에 특히 말조심해야 한다는 생각이 많이 들었다. 우선 아이들 깨우는 것부터 전쟁이다. 그래서 아침 일을 서로 분담을 해두었다. 내가 아이들 입을 옷을 찾아두면 7시 30분쯤 남편이 아이들 옷을 입힌다. 옷을 입히면서 아이들을 깨운다.

그 사이 나는 아침 과일과 밥을 챙긴다. 반 수면 상태인 아이들을 거실로 나오게 해서 식탁 의자에 앉게 한다. 다 같이 식사를 하지만 매사가 순서대로 착착 매끄럽게 진행되기는 쉽지 않다. 바쁜 아침 시간이 제대로 진행되지 않으면 서로 싫은 소리를 하기 일쑤다.

아침부터 서로 싫은 소리를 하고 감정까지 상하게 되면 그 날은 출근해서도 하루 종일 기분이 좋지 않다. 아이가 어릴 때일수록, 특히 아침에 자주 이런 불쾌한 상황이 발생했다. 남편은 남편대로 힘들었겠지만 나는 나대로 신경이 예민해져갔다. 아이가 어느 정도 커서 스스로 챙길 때까지는 어쩔 수 없는 상황이다. 그렇다고 날마다 좋지 않은 기분으로 아침을 시작할 수도 없는 노릇이다. 상황을 바꿀 수 없다면 상황을 받아들이는 나의 태도를 바꿀 수밖에 없다. 그래서 하루의 유쾌한 기분을 위해 아침 기분이 상하지 않게 조심하려고 노력했다. 그 노력의 일환으로 나는 아침 독서를 더욱 더 철저하게 했다.

최근 나는 아침마다 일어나기 전에 성경 말씀을 읽기로 했다. 믿음이 있어서라기보다 대학 때 읽은 성경 구절이 간혹 생각나 다시 한 번 읽어보자는 생각이 들었다.

요즘은 앱이라는 아주 편리한 도구가 있다. 불을 켜지 않고 바로 스마트폰을 켜서 앱으로 읽을 수 있어서 좋다. 나는 잠언을 읽기 시작했다. '아, 참 좋은 내용이구나. 현명함을 주는 말씀이다.'라고 생각하면서 침대에서 일어난다. 하루 내내 그 말씀이 마음에 남아 있는 것 같다. 그리고 낮에도 성경책을 들여다보기도 하고 다른 사람을 성경 말씀처럼 대하려고 노력하게 된다.

아침 독서로 하루의 첫 단추를 끼우자

하루의 시작은 첫 단추를 끼우는 일과 같다. 첫 단추를 제대로 끼워야 마지막 단추도 제대로 끼울 수 있다. 첫 단추를 잘못 끼우면 바로 밑의 단추를 끼우는 데도 부정적 영향을 끼친다. 결국 마지막 단추는 제 구멍을 찾지 못하고 공중에 떠있게 된다. 하루의 시작은 이렇듯 대단히 중요하다. 시간에 끌려가는 하루를 살지 말고 주도적으로 하루를 시작해야 하는 중요한 이유가 여기에 있다.

시간에 끌려 힘들게 시작하는 대신 독서로 시작해보라. 독서에는 지금 당신의 상황을 얼마든지 바꿀 수 있는 마력이 있다. 지금 정신없이 허덕이는 삶이라고 해서 앞으로도 계속 그러리라는 법은 결단코 없다. 단지 10분이라도 하루를 독서로 시작하면 미래는 달라진다.

성공한 CEO 중에 하루의 시작인 아침에 독서를 하는 사람들이 많다. 기자 출신인 다음 커뮤니케이션 석종훈 전 대표는 하루를 아침 일찍부터 시작했다. 기자 생활할 때부터의 습관 대로 새벽 5시에 일어나 조찬모임에 참석했다. 아침 운동을 하고 나면 책을 읽으면서 상상력과 창의력을 키웠다. CEO가 된 뒤에는 특히 자신의 경험을 바탕으로 직원들의 창의력을 높이기 위해 책을 읽고 대화를 나누는 것을 회사 차원에서 적극적으로 지원했다고 한다.

시간에 끌려 힘들게 시작하는 대신 독서로 하루를 시작해보라.
독서에는 지금 당신의 상황을 얼마든지 바꿀 수 있는
마력이 담겨 있다.

1인 기업가로 유명한 공병호 작가는 새벽 3시에 일어나서 독서를 한다. 독서하면서 하루의 계획을 짠다. 그가 바쁜 와중에도 다량의 책을 집필하고 연간 300회가 넘는 왕성한 강연 활동을 할 수 있는 힘은 바로 새벽 독서에 있다고 할 수 있다.

하루를 시작하는 독서가 마중물이 된다

무엇보다 독서를 생활의 우선순위에 둔다는 생각이 중요하다. 독서의 필요성과 중요성을 사람들은 알고 있다. 간혹 독서하기로 마음먹지만 작심삼일의 다짐이 되고 만다. 그렇게 해마다 도전과 포기가 이어진다. 대부분 시간이 없다는 이유가 가장 크다. 좀 더 솔직하고 냉정하게 자신을 돌아보라. 시간이 없어서 독서를 못하는가? 그렇지 않다. 사는 게 바쁘고 우선순위에서 밀려서 못하는 것이다.

독서는 시간의 문제가 아니다. 위대한 업적을 남긴 성공한 사람들이 어떻게 다독가가 될 수 있었겠는가? 그들은 우리보다 훨씬 바쁘고 수많은 일들에 파묻혀있다. 시간은 핑계일 뿐이다. 우선순위에서 밀렸기 때문에 독서를 못한다는 사실을 받아들여야 한다.

그렇다면, 독서를 어떻게 삶의 우선순위로 만들 것인가?

간단하다. 하루 중 가장 먼저, 그러니까 기상 직후에 바로 독서를 하는 것이다. 독서를 중요하면서 급한 일이라고 규정해라. 일어나자마자 독서부터 하는 습관이 책 읽는 삶이 되게 만든다. 독서는 해도 그만 안 해도 그만인 영역이 아니다. 누군가의 생명을 구하거나 당장 큰 손실을 막아야 하는 급한 일처럼 독서도 기상 직후 한 줄이라도 급하게 읽어야 한다. 하루 한 줄의 독서가 한 페이지 독서, 한 권 독서로 이어진다. 즐거울 때나 힘들 때나 항상 당신 인생의 든든한 지원군인 하루 한 권 독서를 위해서 오늘부터 기상 직후 독서에 과감하게 도전해보라.

5분도 좋고, 10분도 좋다. 나 역시 '하루 한 권' 독서 계획을 세운 뒤에 아침에 일어나자마자 책부터 읽기로 했다. 가장 중요한 것을 하루 중 가장 먼저 하자는 원칙을 세웠다. 그래서 매일 일어나자마자 독서를 실행했다. 독서를 먼저 하지 않으면 시간에 치여 못할 것 같았다. 본격적인 하루가 시작되면 독서는 뒷전이 될 수 있다는 불안감이 있었기 때문이다.

'무슨 불안감까지 느끼나? 독서가 뭔데.'

'오늘 못 하면 내일 하면 되지!'

이렇게 생각하는 사람도 있을 것이다. 하지만 나는 독서로 얻는 삶의 이익과 가치가 얼마나 큰지 체험했기 때문에 생활에 밀려 놓치지 않게 하기 위해 노력했다.

아침에 일어나자마자 책을 읽으니 하루 일과 중에도 독서하는 시간이 자연스럽게 늘어났다. 아무리 바쁘더라도 잠깐씩이라도 책을 봤다. 어떨 때는 10분, 어떨 때는 15분도 되었다. 정말 시간이 안 될 때는 5분 독서를 했다. 무조건 일어나자마자 읽는다는 것이 최고의 원칙이었다. 책을 잡는 것, 그리고 책에 담긴 글자를 읽는다는 것이 중요했다. 신기한 것은 그렇게 짧은 시간이라도 읽으면 그것이 생각의 씨앗으로 작용한다는 사실이다.

그렇게 잠깐의 독서가 마중물이 되어 일과 중에도 우연히 시간의 틈이 생겨나면 그것도 활용해서 책을 읽게 되었다. 낮에도 책을 보는 시간이 많아졌다. 잠깐 비는 시간이 생기면 자연스럽게 손이 책으로 갔다. 하루를 시작하는 새벽은 나머지 시간을 지배하고 이끌었고, 새벽 시간의 독서하는 행동은 나의 하루 독서 행동에 전체에 많은 영향을 미쳤다.

잠깐씩 읽은 부분이 강한 감동을 주는 경우에는 책 읽는 시간은 더욱 늘어난다. 나의 독서 초창기 시절 도서관에서 책을 빌려서 읽을 때는 육아서를 주로 읽었다. 육아서의 종류도 얼마나 많은지 정말 놀랐다. 육아서를 여러 권을 읽다 보면 특히 감정이입이 잘 되는 책이 있다. 그런 책을 대하면 책 안의 모든 내용 하나하나가 오직 나만을 위해 쓰인

듯한 느낌이 든다. 더구나 당시에는 육아의 어려움 때문에 절실한 마음으로 읽어서인지 대부분 내 삶에 생생하고 유익하게 다가왔다.

세상만사 마음먹기라고 하지 않는가? 하루의 시작이 하루 생활 전체에 영향을 미친다. 독서로 시작하면 독서로 끝내게 된다. 당신도 이제 독서의 고수처럼 독서로 하루를 시작하고 끝내보라. 새벽시간이 힘들면 아침에 눈을 뜨고서 간단히 5분이라도 읽는 습관을 가져보라. 5분이 10분이 되고 10분이 15분이 된다. 그렇게 씨앗을 뿌려놓으면 자연스럽게 하루의 마무리도 독서로 하게 된다. 성공한 CEO처럼 당신의 삶이 달라질 것이다. 짧은 시간이라도 독서로 하루를 시작하고 끝내는 것은 인생에서 황금 알을 낳는 거위를 소유하는 효과를 얻는다. 상상 이상으로 많은 깨달음과 지혜가 당신을 기다리고 있을 것이다.

'하루 한 권' 플러스 – 우선순위를 관리하지 않으면 '레밍'이 된다

레밍은 설치류의 일종으로, '나그네 쥐'라고도 불린다. 레밍은 번식력이 좋으며 무리 생활을 한다. 개체 수가 갑자기 늘어나면 조금 더 적합한 땅을 찾아 이동한다. 그런데 이때 레밍의 무리가 한꺼번에 호수나 바다에 빠져 죽기도 한다.

이유는 레밍이 무리 이동을 할 때 앞의 쥐, 우두머리만 보고 따라가기 때문이다. 이처럼 맹목적인 집단행동이나 자기 주관이 없이 남들이 하는 대로 따라하는 현상을 레밍 효과라고 한다. 누구나 하는 대로 따라만 하다가는 레밍이 되어 함정에 빠질 수도 있다. 자신이 주체적으로 우선순위를 정해 시간 관리, 일정 관리를 철저히 해야 한다.

'하루 한 권' 플러스 – 아이의 독서 습관 형성에도 아침 독서!

나는 아침 기상 직후 읽기가 집중이 잘되어 쉽게 독서의 매력을 느낄 수 있다는 것을 알았다. 이 좋은 것을 나만 할 수 없었다. 아이한테도 시켰다. 나는 아이들도 일어나자마자 우선적으로 글자를 보게 했다. 아이들은 처음에 당연히 힘들어 했다.

보통 어른들도 '일어나자마자 무슨 책이야.' 하는 선입견을 가지고 있을 수 있다. 하지만 막상 해보면 특별하지도 않고 어렵지도 않다. 그냥 습관이 되면 아침 독서는 아침 세수하듯이 자연스럽게 할 수 있다. 아이들도 처음에 낯설고 힘들어 했지만, 익숙해지니 아침 독서는 당연한 습관이 되었다.

아침 독서를 하면 아이의 독서 습관 형성이 쉬워진다. 기상 직후의 독서가 아이의 하루 독서 시간을 늘린다. 아침에 독서하는 시간은 중요하지 않다. 짧은 시간이라도 독서를 하는 것이 가장 중요하다고 이해시켰다. 그리고 아침 일어나자마자 해야 한다는 것을 강조했다.

단 한 줄의 독서도 허락했다. 아이들은 부담 없이 기상 직후 책을 읽었다. 가끔씩 한 문장이라도 소리 내어 읽어보라고 했다. 물론 아이가 싫어하면 강요하지 않는다. 오히려 역효과가 나기 때문이다.

아침 독서가 습관이 되니 아이들도 하루 중 짬짬이 아침에 읽던 책을 읽기 시작했다. 그리고 하루 만에 여러 권의 책을 보았다. 방학이 아닌 학기 중에는 아침 시간이 바쁘다. 준비도 빨리 해야 한다. 그래서 아이가 읽는 대신 내가 읽어주는 방법으로 아침부터 책을 접하게 했다.

'혼자' 책 읽고 사색하는 시간을 가져라

"배우나 생각하지 않으면 공허하고, 생각하나 배우지 않으면 위험하다."

– 공자

독서는 혼자 있는 시간을 외롭지 않게 만든다

나는 대학을 가기 전에 재수를 했다. 재수할 가정 형편은 안 되었지만 나는 어머니를 졸랐다. 김천에 있는 대학을 가라고 하시는 말씀을 거부하면서 "엄마, 1년만 더 공부해보고 싶어요. 1년 뒤에도 안 되면 엄마의 말씀대로 따를게요."라고 간곡히 말씀드렸다.

당시 언니가 강남세브란스 병원에 근무를 하면서 결혼을 앞두고 있었다. 나는 언니를 따라 서울에 가서 재수를 하겠다고 고집을 피웠다.

엄마는 어쩔 수 없이 잘 되기를 바라는 마음으로 허락을 하시면서 나를 언니에게 부탁하셨다. 그렇게 나의 재수 생활은 시작되었다.

재수를 하면서 나는 노량진 단과 학원을 다니게 되었다. 그 당시 재수하는 학생들은 종합 반에 주로 많이 다녔다. 종합 반은 학교와 비슷한 시스템이다. 사교육 학교라고 생각하면 된다. 나는 고등학교에 이어 다시 구속받는 것이 싫어 단과 반을 결정했다. 언니 집은 개포동, 학원은 노량진. 버스를 타면 1시간가량 걸렸다. 버스 토큰 2개를 가지고 매일 새벽, 나는 버스를 탔다.

처음에는 내가 원했던 재수 생활이 신났다. 언니의 신혼집에 얹혀살면서도 전혀 눈치 보지 않고 살았다. 지금 생각하면 형부와 언니에게 너무 감사하다. 항상 생각한다. 두 분이 아니었다면 오늘의 나는 없었을 것이라고. 특히 형부 같은 좋은 사람은 세상에 없다는 생각과 함께 항상 감사한 마음이 내 안에 자리잡고 있다. 하지만 가정형편이 넉넉하지 않아 재수 생활은 갈수록 더욱 힘이 들었다. 아침에 가서 밤에 들어오니 도시락을 두 개 싸서 다녔다. 여름에는 밥이 쉬어서 굶을 때도 있었다. 그러나 이런 것보다 더 견디기 힘든 것은 따로 있었다.

학교에 다닐 때는 항상 주변에 친구들이 있었고 집에는 어머니도 계셨다. 하지만 서울에 떨어져 재수를 하면서 나는 완전히 혼자가 된 기분이었다. 학원도 단과 반이기에 아는 사람이 거의 없었다. 다들 공부에만 집중하는 상황이다 보니 친구를 사귀려는 생각도 하지 않았다. 물론 나도 마찬가지였다. 스스로 자초한 상황이지만 이런 상황에 적응하는 것이 쉽지 않았다. 공부에 올인해야 할 시간이면서도 혼자 있는 시간이 적응이 되지 않고 두려워서 더욱 힘들었다. 그 당시에는 책을 읽지 않았다. 지금처럼 모든 문제가 생길 때마다 책을 잡는 습관이 없었다. 만약 그때 책 읽기를 했다면 대부분 혼자 있는 시간인 재수생활이 좀 덜 힘들었을 것이다. 오히려 나름의 여유까지 찾았을지도 모른다.

"책을 읽으면 혼자 있는 힘이 강해진다. 독서란 저자와의 1대1 농밀한 대화이다. 이런 대화의 경험을 오래 할수록 혼자 있는 힘이 강해진다."

–『소소하게, 독서중독』, 김우태

김우태 작가는 "책을 읽으면 혼자 있는 시간에 힘이 생긴다."라고 말한다. 대학시절 혼자 밥을 먹지 못하고 혼자 먹을 바엔 차라리 굶었다고 한다. 그는 친구와 항상 붙어 다녔는데, 그 친구가 여자 친구가 생기면서 심한 배신감을 느꼈다고 한다. '혼자 있기 공포증'이 몰려와 다시 후배와 같이 다녔다.

작가는 그 시절 책을 읽었더라면 '혼자 못 있기' 콤플렉스에서 벗어날 수 있었을 것이었다고 말한다. 하지만 지금은 결혼과 함께 독서광인 와

"책을 읽으면 혼자 있는 시간에 힘이 생긴다."

–김우태

이프의 영향을 받아 책을 읽으면서 혼자 있는 시간을 즐긴다고 한다.

나도 이런 경험을 했다. 육아서를 통해 본격적인 독서삼매경에 빠진 나는 지금은 자기계발서를 주로 읽는다. 자기계발서는 인생의 강력한 노하우를 얻을 수 있는 책이다. 전쟁터에 나가는 군인들이 지참하는 무기와 같다. 육아서로 아이를 키우면서 이미 그 맛을 알게 된 나는 잠깐의 틈이라도 생기면 자기계발서를 읽는다. 외롭고 심심할 틈이 없다. 무의미하게 버려지는 시간도 없어진다. 틈틈이 비는 시간을 남김없이 찾아내 책을 읽는 것이다. 혼자 있는 시간은 너무나 반갑고 행복하다. 책과 함께 있으니 전혀 외롭지 않다. 혼자 있는 시간은 오히려 즐거운 시간이 된다.

사실 책을 읽는 시간은 완전히 자기 혼자만의 공간이 아니다. 작가와 같이 있는 것이다. 저자와 1대1로 대화하는 시간과 공간이다. 다양한 주제로 작가의 이야기를 듣고 새로운 것을 깨달을 수 있다. 또한 작가의 주장에 반대 의견을 내보기도 하고 또 다른 통합적인 개념을 생각해보는 시간이 된다. 자기계발서 같은 경우 실질적인 도움이 되는 것을 많이 느끼게 된다. 시련과 역경을 극복한 사람들의 이야기를 들으면서 나의 어려움은 아무것도 아님을 알게 되고 살아가는 힘을 얻기도 한다. 특별한 삶의 노하우를 얻고 미래를 대비해 미리 준비하는 열정이 생기기도 한다. 독서 시간은 책 한 권 한 권에서 다양한 사람을 만나서 이야기하고 배우는 기회가 된다. 그러니 그 시간이 즐거워서 어디서든 틈을 내서 자꾸 책을 들여다보게 된다.

혼자만의 시간과 책은 사람을 성장시킨다

혼자만의 조용한 시간은 사람을 성장시킨다. 물론 사람들과 즐겁게 어울리면서도 인간성을 갈고 닦을 수 있겠지만 혼자 조용히 자신과 마주 서는 시간이 꼭 필요하다. 자아형성은 가치관이 형성되기 전 아이에게만 필요한 것이 아니라 살아오면서 혼자의 시간이 부족했던 어른에게도 반드시 필요하다. 누군가 만들어놓은 틀 안에서 우리는 끊임없이 외부로부터 지식을 공급받고 자신을 들여다볼 시간조차 없이 바쁘게 살아간다. 그런 어른들에게 자아형성은 언제나 남은 과제일 뿐이다.

'자아형성.'

어쩌면 살아생전 계속 해야 할 일이 될 것 같다. 지금 나는 50대이지만 여전히 나를 제대로 안다고 자신할 수 없다. 불쑥 불쑥 스스로도 익숙지 않은 나의 행동들을 접한다. 물론 개인차라고 할 수도 있지만 그래도 난 정상적인 교육을 받고 직장 생활하는 지극히 평범한 아줌마다. 자신을 제대로 모르니 어디에서부터 손을 봐야 할지 모른다. '자아형성'

진정한 독서의 맛은 혼자만의 시간에 쉽게 찾아오는
물아일체의 몰입독서이다.

이란 대과제를 위해 현재 자신의 상태부터 스스로 생각하는 계기가 되는 혼자만의 시간을 가져보자.

너무 바쁘지만 바쁨 속에서도 의도적으로 혼자 있는 시간을 가져보는 것이다. 독서하는 혼자만의 시간은 내면을 들여다보고 자신을 알아가는 시간이 된다. 자아형성과 의식의 확장을 위한 최고의 시간은 뭐니뭐니 해도 혼자 있을 때 하는 독서의 시간이다. 집도 좋고 도서관도 좋다. 잔잔한 음악이 있는 카페도 좋다. 자신의 취향에 따라서 장소는 어느 곳이든 상관없다. 의지와 상관없이 읽기의 연속성이 끊기는 상황이 없을 곳이면 된다.

무리 속에서 진정한 독서의 즐거움을 맛 본 사람은 없다

아이들도 때로는 독서하는 엄마를 방해하지 않는다. 내가 책을 읽으면 아이들은 눈치채고 조용히 레고를 가지고 놀거나 자기들끼리 논다. 평소에 엄마에게 쏟아내던 질문도 참고 조용히 논다. 이렇게 책 읽는 엄마를 아이들이 배려해줄 때는 셋이 있지만 혼자 있는 시간이 된다. 하지만 여러 명이 같이 있을 경우, 방해받지 않는 시간은 그리 길지 않다. 특히 아이들일 경우 길어 봐야 10분, 20분이다. 지금은 서로 스트레스 받지 않고 아이들이 좋아하는 레고 방에 데려다 주고 1시간이라도 혼자가 되어서 책을 집중해서 읽는다.

이처럼 혼자 있는 시간이란 둘도 아닌, 셋도 아닌, 다수가 아닌, 말 그대로 혼자 있는 시간이다. 이때의 독서야말로 제대로 독서의 맛을 느낄 수 있다. 고기도 한꺼번에 먹으면 무슨 맛인지 모른다. 조금씩 제대로 씹어 먹으면서 감칠맛 나는 고기의 진정한 맛을 알게 되듯이 독서도 처음에는 자투리 시간으로 조금씩 읽으면서 독서의 맛과 즐거움을 느낀다. 어느 순간 그 즐거움을 더 느끼고 싶은 마음이 찾아온다. 그렇게 되면 깊이 있는 독서를 하기 위해 혼자의 시간을 만들게 된다. 독서의 맛을 알게 되면 그 전에는 바빠서 도저히 낼 수 없던 시간을 만들게 된다. 신기하지 않은가? 그래서 독서를 하고 못하고는 시간의 문제가 아니라고 하는 것이다.

어느 책에 '무리 지어 다니면서 성공한 사람은 없다.'라는 말이 나온다. 나는 이 말을 '무리 지어 다니면서 진정한 독서의 즐거움을 맛 본 사람은 없다.'라고 바꾸어본다. 혼자만의 시간은 책에 완전히 몰입하는 경험을 안겨다준다. 짬짬이 하는 독서도 좋지만 진정한 독서의 맛은 혼자만의 시간에 쉽게 찾아오는 물아일체의 몰입독서이다.

이 경험을 한 사람은 뇌리에 박힌 몰입독서의 즐거움을 잊지 못하게 된다. 이렇게 되면 주중에도 퇴근 후 사람들과 어울리는 것을 자제하고 책을 찾는다. 주말에는 도서관을 찾게 된다. 이렇게 혼자만의 시간을 확보하기 위해 살다 보면 생활의 변화가 생긴다. 일상생활의 변화는 인생의 변화로 이어진다. 새로운 인생이 찾아오는 것이다. 하루 이틀 지나고, 1년이 되면서 새롭게 태어나는 자신을 만나게 된다. 독서를 하는 혼자만의 시간을 가지면서 자신 주변의 모든 것이 긍정적이고 발전적으로 바뀌는 기적도 일어난다. 상상만 해도 가슴 뜨거워진다. 이것이 당신의 인생이고 삶이 되게 해보지 않겠는가?

독서의 고수들은 다르게 읽는다

"책 한 권 읽기를 간절히 바라는 사람과 읽을 만한 책을
기다리다 지친 사람 사이에는 매우 큰 차이가 있다."

– G. K. 체스터튼

자기계발서를 소설처럼 읽어선 안 된다

대학 시절 나는 주로 소설을 읽었다. 그때 나는 재미 위주의 소설을 찾아 읽었다. 소설은 이야기다. 중간을 빼고 읽으면 내용이 연결이 되지 않아 흐름을 파악하기 힘들고 재미가 없어진다. 이야기는 양이 많아도 지루하지 않기 때문에 처음부터 끝까지 읽었다.

다음 이야기가 궁금해서 교재 밑에 소설책을 숨기고 교수님 눈치를 보면서까지 읽었다. 나는 소설을 읽으면서 독서의 즐거움을 알게 되었다. 행동의 변화를 위한 독서라기보다 독서하는 시간 자체의 즐거움으로 독서의 세계에 잠시 빠졌던 것이다.

하지만 직장 생활을 하면서 바쁘다는 이유로 자연스럽게 책과 멀어졌다. 그러다가 육아라는 어려움을 겪으면서 책을 다시 잡게 되었다. 육아법에 대한 목마름으로 토씨하나 버릴 것이 없었다. 한 권을 읽는 데 꼬박 하루 종일 걸려도 상관없었다. 그러나 관심 주제가 많아지고, 읽고 싶은 책이 늘어나자 문제가 생겼다. 처음부터 끝까지 읽는 기존의 방법으로는 읽는 데 한계를 느꼈다. 물론 한 가지 주제를 읽다 보면 기존 지식이 쌓여 책 읽는 속도가 빨라지고 부담도 덜 느낀다. 그렇다 하더라도 처음부터 끝까지 읽는, 고질병 같은 습관은 사라지지 않고 나의 발목을 잡았다.

독서의 고수처럼 책 읽는 방법이 다르다

독서의 고수들은 책 읽는 방법이 보통 사람들과 다르다. 보통 사람들은 책을 읽을 때 처음부터 끝까지 한 자 한 자 읽는다. 그에 비해 독서 고수들은 자신이 필요한 부분만 발췌해서 읽는다. 이시형 박사는 독서의 달인이라고 한다. 그는 책을 처음부터 끝까지 꼼꼼하게 읽지 않는다. 자신의 기호에 따라 구매를 했지만 막상 읽어보니 필요하지 않은 책일 경우 과감히 접어버리기도 한다.

"작은 것에 연연하다 보면 큰 것을 잃는다. 일단 개략적인 내용을 확실하게 잡고 디테일의 정보는 굳이 외우려고 노력하지 말자."

—『공부하는 독종이 살아남는다』, 이시형

이렇게 독서 고수들이 책 읽는 방법은 일반인들이 생각할 때 이해가 가지 않는다. 하지만 그들에게도 독서 초보 시절이 있었다. 초보일 때는 보통 사람과 다름없이 독서를 했다. 하지만 독서 경력이 쌓이면서 다 읽을 필요가 없다는 사실을 깨닫게 된다. 필요한 부분만 읽어도 충분히 목적을 이루고 즐거움을 느낄 수 있다.

그렇다면 필요한 부분만 읽는 것은 독서 고수만 할 수 있는 방법일까? 그렇지 않다. 보통 사람들도 이 방법을 일상에서 사용하고 있다. 온라인 뉴스나 메일, 신문, 잡지책을 볼 때 우리는 필요한 부분 위주로 빠르게 읽는다. 게다가 어떤 메일은 꼼꼼히 읽을 뿐 아니라 답장까지 한다.

신문 볼 때를 생각해보자. 신문을 처음부터 끝까지 샅샅이 읽는 사람은 드물다. 신문의 텍스트 양은 보통 13만 자 정도다. 200페이지 이상의 책과 맞먹는 양이다. 이것을 샅샅이 본다면 신문 보는 데 하루 중 많은 시간을 바쳐야 할 것이다. 이런 점을 알고 있기에 우린 신문을 볼 때 그 날의 메인 뉴스나 자신이 필요한 부분 위주로 읽는다. 모든 것을 다 읽지 않아도 자신이 필요한 것 한 가지라도 얻는다면 만족한다. 얻은 것이 있기 때문에 신문을 읽은 시간이 값지다고 생각한다.

필요한 부분만 읽으면 좋은 점 2가지

이렇듯 당신은 이미 생활 속에서 필요한 것 위주로 읽는 방법을 써왔다. 아마도 책만 빼고는 모든 활자를 그렇게 읽고 있다. 그렇다면 왜 책은 그렇게 읽지 않는가? 책은 그렇게 읽으면 안 되는가?

책도 신문을 보듯이 읽으면 좋은 점이 있다.

첫째, 양에 대한 부담감이 줄어든다. 언제 어느 곳에서든지 읽을 수 있는 마음이 된다. 부담감이 없어지기 때문이다. 책이 아니라 내가 주체가 된 읽기는 필요한 것 위주로 읽기 때문에 양에 대한 부담이 없다. 신문도 활자 자체의 양은 많지만 신문을 읽는 데 부담을 느끼는 사람은 없다. 필요한 부분만 읽기 때문이다. 필요한 것의 일부만 읽을 수도 있고, 많이 읽을 수도 있다. 얼마든지 조정할 수 있다. 시간이 주어지는 대로, 여건이 되는대로 읽기 때문에 편안하다. 오히려 이런 마음이기 때문에 더 많이 읽을 수 있다.

읽는 것이 부담스러우면 읽을 수 없다.
우리의 무의식은 부담을 거부한다.

둘째, 시간에 대한 부감감도 줄어든다. 시간이 없더라도 시간을 조정하면서 끝까지 읽을 수 있다. 관심의 영역과 이성은 영역은 동일하지 않다. 관심은 이성이 파악하지 못하는 영역이다. 무의식적으로 끌리게 되는 경우도 많다. 독서 역시 마찬가지다. 목적이 있는 독서가 아니라면 대부분 무의식적으로 끌려서 읽게 된다. 때문에 시간을 조정해서 읽는 것이 필요하다. 책의 내용에 맞추기보다 시간에 맞추어 조절해서 읽는 것이다. 한 글자 한 글자 모든 정보를 내 머릿속에 입력하려고 하지 않아도 된다. 다만 내가 필요한 것 한 가지라도 얻겠다는 마음만 가지면 된다. 그러면 시간 조정도 충분히 가능해진다.

읽는 것이 부담스러우면 읽을 수 없다. 우리의 무의식은 부담을 거부한다. 처음부터 끝까지 다 읽어야 한다는 생각을 가지고 읽으면 양에 질려 시작도 하기 싫어진다. 하지만 내가 필요한 것만 읽는다는 마음을 가지면 눈에 보이는 양은 신경이 쓰이지 않는다. 아무리 두꺼운 책이라도 이런 마음이면 절대 주눅 들지 않는다.

여러 장점이 있는데 왜 당신은 이제까지 이렇게 읽지 못한 것일까?

전체를 읽지 않고 일부만 읽는 이 방법이 마음에 불편함을 주었기 때문에 아예 생각조차 못했을 것이다. 많은 독서의 고수들에게 이 방법은 하나의 독서 기술이다. 날마다 신문을 보듯이 부담 없이 책도 읽을 수 있는 것이다. 책을 당신의 일상적인 삶의 중요한 일부로 끌어들일 수 있다. 책을 도구로 세상살이의 많은 문제들을 해결할 수 있다.

나도 본격 독서를 시작하던 초창기에는 당연히 처음부터 끝까지 읽었다. 다른 방법을 아예 생각해보지 않았다. 돌이켜 생각해보면 그렇게 읽었던 것은 어릴 때의 영향이다. 지금까지 그렇게 읽어왔기 때문에 당연하고 옳다는 선입견이 있었던 것이다.

핵심 20%만 당신 것으로 만들어라

당신은 어떤가? 당신도 처음부터 끝까지 읽는가? 책을 읽는 방법에 대한 고민을 해보지 않았는가? 그럼 아직 독서 초보자일 가능성이 크다. 나도 처음 독서할 때는 그냥 열심히 읽었다. 처음부터 끝까지 읽는 것이 당연하다고 생각했고, 아예 의심조차 하지 않았다. 하지만 책을 꾸준히 읽은 지 1년 정도 지나면서, 권수로 따져 100권 이상 읽으니 방법에 대한 고민이 생겼다. 다양한 책이 있는 만큼 책 읽는 방법도 다양하다는 사실을 알게 된 것이다.

하지만 아는 것과 실제 행동하는 것은 다를 수밖에 없다. 책에 따라, 책 읽는 목적에 따라 다양한 방법을 적용하는 연습과 훈련이 필요해진다. 책을 읽으면서 매번 같은 방법, 즉 처음부터 끝까지 읽는 방법을 고수해서는 안 된다. 만약 그렇게 처음부터 끝까지 읽는 방법으로 일관한다면 결코 책과 친해지기가 쉽지 않다. 시, 소설, 수필 같은 문학의 경우 기존의 방법을 사용해도 좋지만 비문학서 같은 경우에는 꼭 처음부터 끝까지 읽을 필요 없다.

파레토의 법칙을 들어보았는가? 결과의 80%가 전체의 20%에 의해 좌우된다는 이론이다. 조직 구성에서도 핵심 멤버 20%에 일반 멤버 80%의 비율이 적용된다. 책에서도 마찬가지로 적용이 된다. 핵심 내용이 20%이고 나머지 80%는 핵심을 설명해주는 내용이라는 사실이다. 즉, 300페이지의 책이 있다고 가정했을 때, 60페이지가 핵심이 되는 것이다. 또한 60페이지에서도 핵심 20%가 있다. 핵심의 핵심이다. 그런 식으로 책 한 권에서 가장 핵심적인 내용을 한 문장으로도 표현한다.

하지만 드라마에서도 조연이 없다면 드라마의 재미와 맛이 떨어지듯이 조연의 역할도 중요한 부분을 차지한다. 책도 마찬가지이기 때문에 핵심 위주로 읽으면서 비 핵심 부분은 빠른 속도로 읽거나 때론 건너뛰는 융통성을 가져야 한다. 독서의 고수들은 그런 방법을 애용한다.

이 시대의 지성을 대표하는 이어령 교수는 자신의 독서법을 다음과 같이 말한다.

"나는 책을 끝까지 다 읽어본 적이 없다. 그냥 훌훌 넘기면서 우연히 와 닿는 것이 내게 영감을 주기 때문이다."

나는 현재 하루 한 권 독서를 실천하고 있다. 핵심 20%를 중점적으로 해서 나머지 부분은 빠르게 읽으니 책 읽는 재미가 더욱 쏠쏠하다. 하루 한 권 독서지만 읽는 시간을 최대 3시간 투자하기로 했다. 독서 초기에는 처음부터 끝까지 읽으니 보통 한 권 읽는 데 5~7시간 걸렸었는데 파레토의 법칙을 적용해서 시간을 줄인 것이다. 나는 핵심 위주의 20%를 나의 것으로, 나의 삶의 일부로 만드는 것을 목표로 하여 책을 읽기로 했다. 하루 3시간 확보가 안 될 때도 있었다. 그래도 하루 한 권의 목표를 이루기 위해 많은 노력을 했다. 그러다 보니 데드라인 효과처럼 집중도가 높아지면서 핵심을 찾기가 쉬워졌다. 이어령 교수님처럼 처음에 훌훌 읽으면서 마음에 끌리는 내용을 찾아 집중해서 읽기도 했다. 아니면 제목이나 표지, 목차를 통해서 핵심을 추론하면서 빠른 속도로 읽을 수도 있었다.

『책, 열권을 동시에 읽어라』의 저자인 나루케 마코토 작가는 일본에서 최고의 독서가 중 한 명으로 유명하다. 그는 신문과 잡지에 꾸준히 글을 쓰는 사람이다. 그는 한 달에 읽는 50여 권의 책 중에서 처음부터 끝까지 꼼꼼히 읽는 책은 10권도 되지 않는다고 한다. 그는 책의 내용 전

"나는 책을 끝까지 다 읽어본 적이 없다.
그냥 훌훌 넘기면서 우연히 와 닿는 것이 내게 영감을 주기 때문이다."
– 이어령

체가 다 자기한테 필요하다고 생각하지 않는다. 책의 내용 중에서 지루하거나 재미없는 부분, 또한 필요 없는 부분은 과감히 건너 뛰어 읽는다.

"모든 책이 다 그런 것은 아니지만, 목차와 서론만 읽어도 책 한 권을 읽는 것과 같은 효과가 있는 경우도 있다."

–『책, 열권을 동시에 읽어라』, 나루케 마코토

나루케 마코토는 물론 전문적으로 책을 많이 읽어야 하는 위치에 있는 사람이다. 그렇다 하더라도 한 달에 50권을 읽는다는 것이 가능하다는 것이 신기하다. 제목만 읽어서 50권을 채우는 것은 아닐 것이다. 50권의 책에서 자신이 사용할 핵심 내용을 찾아 자료로 사용해서 글을 쓴다. 처음부터 끝까지 읽는 방법으로는 절대 나루케 마코토가 쓰는 글들을 쓸 수가 없다. 책 읽는 방법을 바꾸면 새로운 독서의 세계를 느낄 수 있다. 처음부터 끝까지 읽어야 한다는 강박관념이 없어야 읽는 방법도 달라지고 새로운 변화도 일어날 수 있다.

사람은 습관적으로 사는 경우가 많다. 하루를 따져보자. 습관대로 생활하는 경우가 많을 것이다. 가장 중요한 의식주가 습관의 테두리 안에서 해결된다. 책 읽는 것도 마찬가지다. 공교육 12년 동안 책으로 공부해왔지만 효과적인 독서법에 대한 특별한 교육은 받은 적이 없다. 그야말로 공부하는 방법이 책 읽는 방법이 된 것이다. 이런 방법에 대한 문제의식은 생길 수가 없다. 너무나 당연하기 때문이다.

이제부터라도 습관적으로 처음부터 끝까지 읽지 말아보라. 책을 읽는 데는 다양한 방법이 있다. 책 읽는 목적에 따라 그 수단이 되는 책 읽는 방법을 달리해보는 것이다. 소설처럼 이야기를 읽는 것이 목적일 경우에는 처음부터 끝까지 읽어야 이야기의 맥이 끊이지 않는다. 자기계발서 같은 경우에는 파레토의 법칙을 적용해서 읽어도 된다. 핵심 20%만 읽어도 자신의 삶에 적용해서 행동이 바뀌고 삶에 변화가 있다면 그것은 제대로 읽은 것이다. 처음부터 끝까지 읽는 방법적인 부분에 목숨 걸지 말라. 그것은 자신이 책 읽는 목적을 망각한 행위이고 나무만 보고 숲은 보지 못하는 어리석은 일이다. 독서의 원칙론자라도 되는 양 처음부터 끝가지 읽어야 한다는 강박관념을 버리길 바란다. 즐겁게 핵심 20%를 읽으면서 한 가지만이라도 온전히 내 것으로 만들고 어제와 다른 내가 되겠다는 생각으로 읽어보라.

'하루 한 권' 플러스 – 파레토 법칙

파레토 법칙은 원래 경제학에서 소득분포를 통계하면서 만들어진 법칙이다. 경제학자 파레토가 얻은 경험적 법칙으로, '80/20법칙'이라고 불리기도 한다.

'상위 20%의 사람들이 전체 부의 80%를 가지고 있다', '상위 20% 고객이 전체 매출의 80%를 가져 온다', '사회 현상의 80%는 20%의 원인으로 인해 생긴다' 등에서 쓰인다. 이때 80와 20은 수치상의 숫자가 아니라 단순히 '대부분'과 '소수'라는 의미로 쓰인다.

파레토 법칙은 비즈니스에서 기본 상식이 되면서, 경영이나 마케팅 분야에서 황금률로 불리기도 한다. 소수의 인기 상품을 많은 고객이 사도록 진열하거나, VIP 고객 우대 서비스 등의 기법이 이 이론에 근거한 것이다.

한편, 이에 배치되는 법칙이 '롱테일' 법칙이다. 롱테일 법칙은 80%의 별 것 아닌 다수가 20%의 핵심적 소수보다 더 많은 가치를 창출한다는 뜻이다.

독서 리스트로 성취감을 높여라

"명확히 설정된 목표가 없으면,
우리는 사소한 일상을 충실히 살다 결국 그 일상의 노예가 되고 만다."

– 로버트 하인라인

목표를 가지고, 기록하고 실천하라

미국 아이비리그 중 하나인 예일대학교에서 '목표와 계획'에 관한 생애추적 연구를 한 적이 있다. 목표의 중요성과 기록의 힘에 대해 알아보는 조사였다. 조사에 참여한 예일대 졸업생 중 27%는 목표가 전혀 없었고, 60%는 간단한 목표가 있었다. 10% 학생은 비교적 구체적인 목표가 있었고, 나머지 3% 학생은 미래에 대한 확실한 목표와 함께 기록도 해놓고 있었다.

몇십 년이 흐른 후에 졸업생들을 다시 조사했다. 결과는 놀라웠다. 목표도 명확하고 기록까지 해둔 3% 졸업생의 수입은 나머지 97% 졸업생의 수입을 모두 합한 것보다 많았다. 그것도 월등하게. 한편, 목표가 전혀 없던 27%의 상당수는 사회의 최하층에서 전전하거나 정부의 보조금에 의지해 살아가고 있었다.

분명한 목표를 가지고 그것을 기록하며 살아가는 것은 강력한 현실의 힘으로 작용한다. 하지만 보통 사람들은 이런 사실을 망각한다. 게다가 명확한 목표를 가진 사람도 많지 않다. 그저 주어진 삶에 열심히 사는 것이 최고라고 생각한다. 뚜렷한 목표가 없으니 기록하고 확인할 것도 없음은 당연하다. 미국 최고의 대학 졸업생들이 이럴진대 보통 사람들은 어떻겠는가? 당신은 목표가 없거나 기록을 하지 않는 97%에 속하는가? 그렇지 않으면 미래에 대한 목표도 확실하고 기록까지 하고 있는 3%에 해당하는가?

분명한 목표가 하루를 특별하게 만든다

나는 중학교 첫 시험을 앞두고 삶의 자세를 바꾸었다. 초등학교 때 교내 배구선수를 한다고 공부를 제대로 못했는데, 중학생이 되고 첫 시험을 잘 보리라고 마음먹었다. 이유는 단순했다. 공부 잘하는 아이들이 멋있어 보였다. 선생님께 인정받으며 자신감에 찬 모습이 보기 좋았다.

중학교 첫 시험에서 반에서 5등 안에 들겠다는 목표를 세웠다. 지금은 한 반에 30명이 채 안되거나 많아야 35명 정도이지만 그 당시에는 60명가량 되었다. 당시의 내게 5등은 원대한 목표였다. 하지만 반에서 그 정도는 해야 인정을 받고, 내가 자신감이 생길 수 있다고 생각했다.

목표를 세우니 절실한 마음이 생겼다. 반에서 5등 안에 들겠다는 목표를 세운 후에 나에게 변화가 생겼다. 얼마나 간절하게 생각했는지 꿈에도 나타날 정도였다. 내가 시험을 잘 봐서 선생님께 칭찬을 받으며 행복해하는 모습이 떠올랐다. 목표를 이룬 뒤 나 스스로 만족해하는 모습을 상상하면 짜릿했다. 그러다 보니 행동에도 변화가 생기기 시작했다. 수업을 열중해서 듣고 노트필기도 열심히 했다. 쉬는 시간에 짬을 내서 복습을 했다. 공부에 대한 목표가 생기기 전에는 하지 않던 행동들이었다. 학교를 다니는 모습도 적극적으로 바뀌었다.

목표를 이루기 위해 구체적 계획도 세웠다. 시험 2주 전부터는 본격적인 시간 계획을 세웠다. 전 과목을 고루 잘하기 위해 하루의 시간을 분배해 여러 과목을 공부했다. 목표 설정 이후에 한 공부가 시너지 효과를 냈다. 결국 나는 원하는 대로 반에서 5등 안에 들었다. 그때의 짜릿함을 나는 지금도 잊지 못한다.

목표를 세우니 절실한 마음이 생겼다.

반에서 5등 안에 들겠다는 목표를 세운 후에 나에게 변화가 생겼다.

목표를 추구하는 무의식의 힘을 이용하라

"오늘 하루 어떤 목표를 가지고 있나요?"

당신이 이런 질문을 받았다고 하자. 바로 질문에 대답할 수 있는가? 대부분의 사람들이 속으로 반문할 것이다.

'하루의 목표? 그냥 어제처럼 살면 되지, 뭐. 평범한 게 최고 아니야?'

하루하루가 우리에게 더 이상 특별할 것도 없고, 특별할 수도 없다고 생각한다. 하지만 그 평범한 하루도 목표가 있으면 특별해진다.

목표의 힘은 강하다. 만약 이루고 싶은 것이 있다면 목표부터 정해야 한다. 머릿속으로 자신이 원하는 것을 그리는 사람은 많다. 하지만 생각으로 그칠 뿐이다. 막연히 생각하면서 막연히 살아가게 된다. 그렇게 해서는 결코 원하는 것을 자신의 것으로 만들 수 없다. 원하는 바를 이루기 위해서는 자신의 내면부터 정직하게 들여다보아야 한다. 먼저 일시적인 마음인지 아니면 정말 진심으로 원하는지 판단해야 한다. 진심이라고 확인되면 그에 맞는 목표를 세워야 한다. 장기적이고 큰 목표부터 단기적이고 구체적인 목표까지 동시에 세워야 한다.

내 의식의 목표가 확실하면 내 안의 무의식도 따라서 목표를 추구한다. 의식과 무의식을 평소에 구분하며 살기는 힘들다. 하지만 확실하고 절실한 목표를 세웠을 때를 생각해보라. 평소에 느끼지 못하는 힘을 느낄 수 있다. 그것이 바로 무의식의 힘이다. 이 강력한 무의식의 힘을 이용하는 사람들이 의외로 많지 않다.

하지만 무의식과 잠재의식의 존재를 인정하고 그 힘을 활용하면 자신이 생각한 능력 이상의 에너지를 만들 수 있다. 진정한 고수의 삶은 자신의 무의식을 최대한 활용한다. 독서의 목표 달성에서도 이 무의식의 힘을 최대한 발동시키면 된다.

독서 리스트를 만드는 두 가지 방법

독서를 할 때도 독서 리스트를 작성하면 비슷한 효과를 볼 수 있다. 독서리스트에 기록한 목표가 꿈과 같은 역할을 한다. 독서 리스트가 독서의 실행력을 끌어올려주는 것이다. 무작정 손에 잡히는 대로 읽는 것이 아니다. 자신이 리스트를 작성하여 읽다 보면 성취감도 느낄 수 있으며 재미도 생긴다. 리스트를 작성하는 방법은 자신의 취향에 따라 다양한 방법이 있겠지만 나는 두 가지 방법을 말하고 싶다.

첫째, 기간을 정해서 그 기간 동안 읽을 책 리스트를 미리 작성한다. 그리고 그 책을 구매하거나 준비해두고 읽는 방법이다. 또 하나는 특별히 기간 없이 수시로 리스트를 추가하면서 계속 읽어나가는 방법이다.

『1만권 독서법』을 쓴 일본의 작가 인나미 아쓰시는 서평가, 프리랜서 작가 겸 편집자로 회사도 경영하고 있으면서 한 달에 책을 50~60권 읽고 서평을 쓴다. 그는 일주일에 6권의 독서를 권장한다.

"의외일지도 모르지만 하루 한 권 독서를 실현하고자 할 때는 내일 읽을 책이 정해져 있는 게 무엇보다 중요합니다. 왜냐하면 내일 읽을 책을 실제로 내일 읽기 위해서는 오늘 읽을 책을 오늘 중에 다 읽어야만 하기 때문입니다. 이는 업무 스케줄을 짤 때도 상통하는 부분입니다. …… 내일 읽어야 할 책이 있으면 '이 책을 오늘 중으로이 시간 내에 다 읽으려면 어떤 방법으로 읽어야 할까', '어느 정도의 속도로 책장을 넘기면 좋을까'와 같은 생각을 하며 어떻게든 책을 읽어내는 방향을 고민하게 됩니다." – 『1만권 독서법』, 인나미 아쓰시

읽을 책 리스트를 가지고 있으면 동기 부여가 잘 된다. 나는 독서 초창기에 도서관을 자주 이용했다. 나는 도서관에서 책을 한 번 빌리면 최소 12권 이상 빌렸다. 2주 동안 쌓아둔 책을 오며가며 보면서 시각적으로 동기 부여를 받는다. 신기한 것은 12권 모두 읽고 반납하는 경우가 많다는 사실이다. 결국은 한 번씩 다 보게 된다. 독서 리스트를 바탕으로 책을 미리 준비하고 쌓아두었기 때문에 가능한 현상이다. 쌓여 있

는 책을 보면서 하루 한 권은 읽어야 한다는 잠재의식이 무의식적으로 발동하였기 때문이다. 쌓아둔 책은 현실의 독서 리스트가 된다.

둘째, 자신이 관심 있는 분야의 기초 지식을 높이기 위해 독서 리스트를 활용하면 체계적인 정복이 가능하다. 나는 독서 초기에 육아 관련 책에 관심이 많았다. 육아에 관련된 책은 발견할 때마다 리스트로 작성했다. 인터넷, 신문, 책, 사람들 추천 다양한 방법으로 육아서를 소개받았다. 그러나 뭐니 뭐니 해도 내가 직접 육아서를 읽다가 가장 많이 알게 되었다. 그렇게 나 스스로 만든 육아 독서 리스트를 통해 나는 쉬지 않고 읽을 수 있었다. 이렇게 한 분야의 책을 집중적으로 읽으면 그 주제에 대한 지식과 지혜, 통찰력이 단기간에 형성이 된다.

현대 경영학의 아버지로 불리는 피터 드러커는 기간을 정해서 주제별 독서를 한 것으로 유명하다. 그가 사용한 독서 방법은 3개월, 혹은 3년마다 새로운 주제를 정해서 그 분야의 리스트를 정하고 집중적으로 읽었다. 그 결과 다양한 분야의 깊이 있는 지식과 통찰력을 갖게 되었다. 2005년 95세로 타계할 때까지 그는 39권의 저서를 출간하였다.

독서 리스트는 독서를 가능하게 하는 강력한 환경이 된다. 독서의 견인차 역할을 하는 것이다. 꿈 리스트가 꿈을 현실로 만들어주는 중요한 역할을 하듯이 독서 리스트는 독서를 우리 생활의 일부가 되게 하는 강력한 도구가 된다. 독서 고수가 관심 있는 분야의 독서 리스트를 작성하고 읽듯이 당신도 이제부터라도 스스로 동기 부여가 되는 독서 리스트를 작성해보라. 독서 리스트는 당신의 무의식을 자극하고 책과 친숙하게 하는 든든한 지원군이 될 것이다.

연간 100권의 독서 목표를 세워라

생활이 바쁜 현대인들은 큰 시간 단위로 계획을 세우는 것이 좋다. 독서 습관 형성 전이라면 짧은 시간이라도 매일 책을 읽는 계획을 짜야 한다. 습관이 만들어져야 하기 때문이다. 독서 습관이 형성된 사람들은 연간 목표를 반드시 세우기 바란다. 그것도 자신의 독서력보다 조금 높게 목표를 세워야 한다.

일주일에 1권 읽는 사람은 일주일에 2권 읽겠다는 목표를 세워야 한다. 한 달에 4권을 읽던 사람은 한 달에 8권의 목표를 세워서 제대로 동기 부여를 하는 것이 좋다. 실패를 두려워하지 말아야 한다. 설령 실패하더라도 인생이 실패하는 것이 아니다. 고작 독서 목표에서 실패할 따름이다. 그리고 실패하면 실패하는 대로 얻는 것이 많다. 실패를 통해 자신의 독서에 대해 새롭게 느끼는 점이 많아질 것이다. 독서 목표가 있는 것과 없는 것은 독서 생활에서 확연한 차이가 난다.

나는 본격적으로 독서한 지 2년째부터 연간 계획을 세우고 벽에 붙여 두었다. 그리고 연간 독서 목표를 세웠다. 1년이 52주이니 1주에 1권씩 52권을 목표로 삼을 수도 있었다. 하지만 나는 2년 동안 독서를 하면서 독서가 어느 정도 익숙해져 있었다. 연간 목표를 처음부터 과감하게 100권으로 잡았다.

연간 100권의 독서 목표를 세우니 나의 생활이 또 한 번 변화했다. 목표를 세우기 전에도 나는 스스로 책을 많이 본다고 생각했다. 그래서 자투리 시간까지 책을 읽는 것은 유별나다고 여겼다. 다른 사람의 시선이 의식되었기 때문이다. 직장에서든 어디서든 남이 있는 데서 책을 읽는 것은 신경이 쓰이는 일이다. 하지만 확실한 목표를 세우고 나니 다른 사람이 신경 쓰이지 않았다. 타인의 눈보다 오히려 목표가 더 의식되었다. 나의 의식이 목표를 세웠지만 목표가 확실히 정해지니까 이제는 무의식까지 나를 이끄는 것 같았다.

독서 목표의 최종점은 하루 한 권 독서

나는 5년 전부터 연간 100권의 독서 목표를 달성했지만 하루 한 권 읽기는 자신이 없었다. 나는 이 무의식의 힘을 믿고 하루 한 권 독서 목표를 다시 세웠다.

‘내가 과연 할 수 있을까?’

‘아무리 무의식이 나를 도와준다고 해도 하루 한 권은 좀 심하잖아!’

‘책 내용이 머리에 들어가겠어?’

하지만 나의 무의식은 그 목표를 이루기 위해 벌써 움직이고 있었다. 무의식은 나의 마음을 조정했다. 나는 온라인 서점에서 ‘하루 한 권 독서’란 책을 검색하고 있었다.

하지만 놀라운 일이었다. 벌써 몇몇 사람들은 나와 같은 고민을 하고 있었다. ‘1일 1독’, ‘하루 한 편’ 등등 형식은 달라도 주제는 같았다. 그들은 책과 관련된 직업을 가지지 않은 평범한 사람들이었지만 나와 같은 생각을 실천하고 있었다.

“세상에! 나는 불가능하다고 겁내고 있는데 누군가는 벌써 실천하고 있다니!”

나는 충격을 받았다. 하루 한 권 읽기를 시도하는 사람은 내가 생각하는 것보다 훨씬 많았다. 내가 나만의 세계에 빠져 있었던 것이다. 나는 연간 100권의 독서에 자족하고 있었다. 게다가 스스로 대견해 하면서 말이다. 독서 목표를 세우고 기록을 하는 것은 독서 생활의 견인차 역할을 한다.

"책은 즐겁게 읽으면 되지, 무슨 강요를 하는 것처럼 목표를 두나?" 라고 말할 수도 있다. 하지만 내가 경험한 바로는 목표가 있을 때와 없을 때의 독서 생활은 하늘과 땅 차이만큼이나 컸다.

독서 목표는 작으면 작은 대로 효과가 있다. 반드시 큰 목표가 아니어도 된다. 어떤 목표든 독서 목표는 목표를 이루기 위해 여러 독서법에 도전하는 계기가 된다. 그러면서 독서 능력이 발전된다. 업그레이드된 독서력은 즐겁게 책을 읽으면서 멋진 인생의 기회를 안겨주기도 한다.

하루 한 권 독서는 충분히 가능하다. 스스로 한계를 짓지 마라. 자신이 불가능하다고 한계를 그어놓으면 현실에서는 절대 그 한계를 넘을 수 없다. 하루 한 권 목표를 세우고 과감히 도전해보라.

"목표가 있는 사람들은 성공합니다. 왜냐하면 그들은 어디로 가야 할지 알기 때문입니다. 단지 그 이유뿐입니다." – 얼 나이팅게일

나애정의 독서리스트

2014년 4월~5월 완독 현황

번호	날짜	도서명	작가	출판사	평가
1	4/9	영어만은 꼭 유산으로 물려주자	공병호	21세기북스	완독
2	4/9	잠수네 아이들	이신애	RHK	완독
3	4/16	10년 법칙	공병호	21세기북스	완독
4	4/18	미래인재로 키우는 우리아이 10년 프로젝트	공병호	21세기북스	완독
5	4/18	80/20법칙	리처드 코치/ 공병호	21세기북스	완독
6	4/23	딸은 세상의 중심으로 키워라	마츠나가 노부후비/이수경	21세기북스	완독
7	4/25	10년 후 성공하는 아이, 이렇게 키워라	공병호	주니어 김영사	완독
8	4/25	습관 66일의 기적	고봉익	새앙뿔	완독
9	5/12	책 벌레 공부 중독	이명주	아주좋은날	완독
10	4/29	굿모닝말레이시아	조경화/마커스 페들	꿈의열쇠	완독
11	5/8	습관은 배신하지 않는다	공병호	21세기북스	완독
12	5/12	대치동 엄마 중학교 완전정복 –106p	김민서	라온북	반독
13	5/14	엉망진창 세니아빠의 개과천선 육아여행	황진철	치우	완독
14	5/19	캐나다 교육이야기	박진동/김수정	양철북	완독
15	5/21	공부하는 유대인	힐 마골린/ 권춘오	일상이상	완독
16	5/18	책 많이 읽는 우리아이, 공부는 왜 못할까	김순옥	꽃숨	완독
17	5/23	영어 잘하는 아이로 만드는 30가지 노하우	정경숙	텐북	완독

핵심 위주로 여러 번 읽어라

"남의 책을 많이 읽어라. 남이 고생하여 얻은 지식을
아주 쉽게 내것으로 만들 수 있고,
그것으로 자기 발전을 이룰 수 있다."

– 소크라테스

어떻게 읽는 것이 나에게 유리할까?

20대 후반 즈음, 나는 포천의 일동면에 위치한 병원에 근무했다. 병원 옆에 유명한 스키장이 있었다. 겨울이 되면 스키를 즐기는 사람들이 낮이고 밤이고 몰려들었다. 멀리서 슬로프를 바라보면 스키를 타고 내려오는 사람들이 멋있어 보였다. 밤에 환한 불빛을 배경으로 스키를 타는 스키어들은 더욱 환상적인 모습이었다. '나도 언젠가는 저 사람들처럼 스키를 멋있게 타봐야지.' 라고 생각했다.

스키는 내게 새로운 세계였다. 스키를 타겠다고 작심을 했지만 나는 스키장을 가지 못했다. 막상 타려고 하니 아무것도 모르는 상태에서 시작한다는 것이 막막했다. 생각만 하고 행동으로 옮기지 못했다. 그러던 중 우연히 후배 한 명이 스키장을 자주 간다는 사실을 알았다. 그 후배한테 스키에 대해 기본적인 부분에 대해 물어보았다. 그리고 스키장에 같이 가자고 부탁을 했다.

후배는 야간 스키장을 주로 이용했다. 낮보다는 야간 스키가 가격이 저렴하다. 그리고 사람이 붐비지 않아 스키 타는 속도감을 느낄 수 있었다. 밤 스키는 주로 어느 정도 수준이 되는 사람이 많이 이용했다. 나는 완전 초보였지만 그 후배를 따라 나섰다.

그리고 그 후배가 하는 그대로 따라 했다. 신발 신는 것부터, 걷는 방법, 리프트 타는 방법, 발을 A자로 만들어 내려오는 방법, 폴대 잡는 법, 기타 등 기본적인 방법에 대해 배웠다. 스키의 기본 동작과 기술을 배우고 나니 자신감이 생겼다. 자신감이 생기면서 배운 것을 변형해 보기도 했다. 변형된 여러 방법으로 타면서 스키에 대한 재미도 더 느꼈다. 그렇게 배우고 나서는 나만의 주특기가 생겼다. 나 나름의 스키 타는 방법도 생겼다. 쉽게 말하면 나만의 노하우가 생긴 것이다. 그리곤 나만의 방법으로 스키를 즐기기 시작했다.

독서를 하기 시작할 때도 이와 같은 방법으로 시작하면 된다. 물론 책을 읽는 것은 스키를 배우는 것보다는 더 쉽고 더 익숙하다. 공교육 12년을 받은 사람이라면 누구나 나름의 방식으로 읽을 수 있다. 하지만 쉽고 익숙하다고 해서 잘 하는 것은 아니다. 우리가 착각하는 여러 가지 중에 한 가지는 읽는 방법에 대한 생각이다. 독서법은 그동안 읽는 대로 하면 된다고 생각한다. 짧은 주기로 새로운 정보가 생산되는 이 시대에 어떻게 읽는 것이 나에게 유익할까? 한 번쯤 더 생각해보아야 한다.

『읽어야 이긴다』의 저자 신성석은 일본의 지성 다치바나 다카시와 강연가로 맹활약하고 있는 공병호, 두 사람의 독서법에 대해서 비교 설명하고 있다.

다치바나 다카시	공병호
1. 책을 사는 데 돈을 아끼지 말라. 2. 같은 주제의 책을 여러 권 찾아 읽어라. 3. 책 선택에 대한 실패를 두려워하지 말라. 4. 자신의 수준에 맞지 않는 책은 무리해서 읽지 말라. 5. 읽다가 그만둔 책이라도 일단 끝까지 넘겨보라. 6. 속독법을 몸에 익혀라. 7. 책을 읽는 도중에 메모하지 말라. 8. 남의 의견이나 가이드북에 현혹되지 말라. 9. 주석을 빠트리지 말고 읽어라. 10. 책을 읽을 때는 끊임없이 의심하라. 11. 새로운 정보는 꼼꼼히 체크하라. 12. 의문이 생기면 원본자료로 확인해라. 13. 난해한 번역서는 오역을 의심하라. 14. 대학에서 얻은 지식은 대단한 것이 아니다.	1. 세상이 아무리 바뀌어도 지식의 원천은 역시 책이다. 2. 본전 생각으로부터 자유로워야 한다. 3. 20퍼센트 내외의 핵심은 저자서문, 목차, 결어 및 초기의 핵심장에 숨어 있다. 4. 구입한 즉시, 혹은 24시간 내에 책의 핵심부분을 읽는다. 5. 책을 무자비하게 대한다. 6. 중요한 문장이나 내용은 펜으로 마음껏 표기한다. 7. 중요한 문장이 담긴 페이지의 모서리를 다양한 방식으로 접는다. 8. 인상 깊게 읽었던 책은 가까운 곳에 두고 이따금 펴본다.

–『읽어야 이긴다』 참고

다치바나 다카시와 공병호 작가의 가장 큰 차이점은 독서 중간에 메모를 하는가 아닌가다. 다치바나 다카시는 중간에 메모를 하지 말고 책 자체에만 전념하라고 한다. 공병호는 책을 자신의 취향에 따라 마구 다루라고 한다. 줄도 긋고 메모도 하고 책 모서리를 접기도 해야 그것들이 자기 것으로 된다. 자기 것이 된 것이라야 새로운 창조의 재료가 된다고 이야기한다.

고수들 사이에서도 독서법에서 중요하게 생각하는 부분이 조금씩 다르다. 하지만 비슷한 부분이 많다. 대부분 '책 구매에 대해 부담감을 가지지 마라.', '핵심 위주의 독서법 강조', '필요 없는 부분은 과감히 건너뛰어 읽어라' 등 책 한 권에서 요점을 찾아 취사선택하는 독서법을 권장하고 있다.

작가 중에 독서 고수가 많다. 왜냐하면 책을 쓰기 위해 책을 많이 읽어야 하기 때문이다. 순수 자기 생각으로 한 권의 책을 쓸 수도 있다. 하지만 대부분의 작가는 책을 읽으면서 아이디어를 얻어서 책을 쓴다. 그렇기 때문에 책을 많이 읽게 된다. 책에서 얻은 힌트나 아이디어를 통해서 새로운 개념이 창조한다. 그리고 한 권의 책을 만드는 원천이 된다.

책을 쓰기 위해 책을 많이 읽는 작가들은 비슷한 독서법을 가지고 있다. 핵심 위주로 건너뛰면서 읽는 독서법이 그들이 사용하는 방법이다. 이것은 작가들에게만 유용한 방법이 아니다. 책의 권위에 눌려 책을 너무 소중하게 여겨 책에 부담을 느끼는 사람에게도 좋은 방법이다. 그리고 독서 계획을 해마다 세우지만 매번 작심삼일로 끝나는 독서 실패자에게도 유용한 방법이다. 책을 더 많이 읽고 싶어 하는 독서 중급자에게는 더 더욱 괜찮은 방법이다.

많은 고수들이 '핵심 위주' 읽기를 실천한다

내가 독서를 본격적으로 시작한 것은 2013년도부터이다. 특별한 독서법도 없이 그냥 읽었다. 처음부터 끝까지 빠트리지 않고 읽는 것이 자연스러웠다. 그래도 지루하다는 생각도 하지 않았다. 궁금한 것이 풀리니 힘들다는 생각도 들지 않았다.

육아서를 어느 정도 마스터하고 나서 나는 여러 분야로 확장해서 읽기 시작했다. 읽는 분야가 확장되는 과정은 자연스러웠다. 직장인들이 도움을 받을 수 있는 주제들이 많기 때문이다. 또 마음에 드는 작가가 생기면 그 작가의 그 전 작품을 찾아 읽으며 전작 독서도 했다.

그 중에서도 특히 자기계발서를 읽으면서 읽고 싶은 책이 자꾸 많아졌다. 책은 무궁무진했다. 그 많은 책을 다 읽을 수는 없지만 독서에 대한 욕구가 계속 생겼다. 본격적으로 독서를 시작한 후에는 '어떻게 안 읽고 살았을까?' 의아해지기까지 했다. 독서 전에는 전혀 생각하지 못한 삶이었다. 책으로 인해 변화된 자신을 실감한다. 책에 대한 욕구가 많아지면서 나는 읽는 방법에 대한 고민도 시작했다.

내가 읽고 싶은 책을 다 읽기에는 시간이 너무 걸렸다. 그래서 다른 사람들은 어떻게 읽는지 독서법 책을 찾아서 읽기 시작했다. 세상에 육아서 만큼이나 독서법의 책은 많았다. 독서법을 쓴 작가들은 그래도 책의 고수라고 할 수 있다. 그들이 주장하는 공통점은 1권의 책에 핵심은 20%정도이니 핵심에 집중한 읽기를 하라는 것이다.

'한 권의 책에 있는 핵심 20%을 집중해서 읽고, 그렇게 줄인 시간으로 다른 책의 핵심을 읽자.'

나는 생각을 전환하였다. 읽는다는 사실 자체보다 저자가 말하는 핵심을 알고 삶에 적용하는 데 독서의 목적을 두자. 한 권에서 알게 된 저자의 핵심을 다른 책의 핵심과 비교하자. 한 권을 6~7시간 읽지 말고 핵심 위주로 읽고 그 시간에 2권을 읽자. 그리고 2명 저자의 주장을 종합해서 나의 지식으로 만들자. 나는 그렇게 작정하고 다시 책을 읽기 시작했다.

'한 권의 책에 있는 핵심 20%을 집중해서 읽고,
그렇게 줄인 시간으로 다른 책의 핵심을 읽자.

오랫동안 꼼꼼히 읽으면 잃는 게 많다. 아무리 빨리 읽으려고 해도 읽는 방법을 바꾸기 전에는 빨리 읽을 수가 없다. 물론 오래 읽어야 할 책도 있지만, 오래 읽지 않아도 되는 책을 오래 읽으면 얻는 것보다 잃는 게 더 많다. 나는 한 권의 책에 넉넉잡아 3시간 이하의 시간을 들이기를 권한다. 사람들은 토씨 하나 빠트리지 않으면 잘 기억할 거라고 생각한다. 하지만 우리는 기억이 그렇게 해서 되지 않는다는 것을 경험으로 알고 있다. 기억하기 위해 가장 좋은 방법은 반복이다. 핵심 위주로 선택과 집중을 하면 반복이 되면서 기억도 더 잘 된다.

또한 오래 읽으면 스트레스를 받는다. 한 권을 시작했으니 그만두지도 못한다. 이상한 오기 같은 것이 발동하기 때문이다. 한 권을 장시간 동안 의지를 불태우며 읽어낸 뒤에는 부작용이 생긴다. 그 전 독서 때문에 책을 읽고 싶지가 않은 것이다. 아뿔싸! 인내하면 다 좋은 줄 알았더니…. 6~7시간 투자해서 한 권을 읽었더니 오히려 독이 된 것이다. 이런 지경까지 자신을 방치하면 안 된다. 독서에 있어선 재미와 흥미, 호기심을 최우선으로 두어야 한다.

다양한 독서법이 있다. 일부 작가는 미니멀 독서를 강력 주장하기도 한다. 하지만 다량의 정보가 수시로 새롭게 발생하는 시대에 독서법도 그것에 맞추어야 한다. 한 권으로 얻을 수 있는 정보는 한계가 있다. 한 권의 책에 너무 많은 기대를 해선 안 된다. 작가도 인간이기에 책의 모든 내용을 핵심으로 쓸 수 없다.

대부분의 독서 고수들이 선호하는 핵심 위주 독서법을 도전해보라. 한 권에 핵심 20%을 선택하고 집중하는 독서법이 읽을 것이 많은 시대에 적합하다. 지루하지도 않다. 책은 자고로 지루하면 안 읽게 된다. 책의 내용도 중요하지만 이제는 독서법에 대한 진지한 고민이 있어야 한다. 다시 한 번 강조하고 싶다. 읽는 것이 익숙하다고 독서력이 있는 것은 아니다. 독서력은 스스로 고민하고 노력해야 얻을 수 있다. 시대에 맞는 자기만의 독서법으로 책과 친한 새로운 삶을 살기 바란다.

'하루 한 권' 플러스 – 전작 독서란?

전작 독서란 한 작가의 책을 모두 찾아 읽는 것이다. 작가 한 명을 깊게 파고든다. 다소 매니아적이라 할 수 있겠다.

전작 독서는 좋은 점이 많다. 일단 그 작가의 문체가 익숙하니 읽는 것이 편안하다. 또한 전반적인 작가의 과거를 알고 있으니 작가가 하는 말의 의미파악이 빨라진다. 그리고 그 작가의 다양한 주제의 책으로 작가의 주장에 공감하면서 더욱 감동이 깊어진다. 이런 이유로 나는 지금도 전작독서를 즐긴다.

진짜 독서는 삶을 변화시킨다

"나에게 책은 전부다. 책을 읽는다는 것은 내가 살아 있다는 증거다."

– 나루케 마코토

나의 독서로 바뀐 아이들의 삶

육아와 교육에 있어서 나는 특별한 길을 가고 있다. 사람들은 나에게 질문한다.

"아이들을 공동육아 어린이집에 보낸다면서요?"

"공동육아 어린이집은 부모들이 하는 역할이 많다는데, 직장 생활하면서 어떻게 해요?"

"아이들이 초등학생인데 대안학교 보낸다면서요? 어떻게 대안학교 보낼 생각을 다 하셨어요?"

"아이가 어디 아픈가요? 왜 초등 대안학교를 보내셨어요? 특별한 이유라도 있나요?"

나는 2014년 고양시로 이사를 왔다. 아이들은 이사한 집에서 가까운 어린이집에 보냈다. 퇴근하고 아이들 찾아오기도 쉽고, 어린이집 시설이나 원장님 마인드도 아이 중심이어서 여러 면으로 좋은 환경이었다. 한 가지 아쉬운 것은 한 달에 몇 번씩 야외 활동이 있긴 했지만 그래도 대부분의 시간 동안 아이들이 건물 안에 있어야 한다는 것이다. 3층 건물이긴 했지만 아이들이 하루 종일 그 건물 안에서 있어야 한다는 것이 마음에 걸렸다. 그래도 어쩌겠나? 대부분의 어린이집이 비슷한 상황이니…. 마음 한 구석 불편함을 안고 있을 수밖에 없었다.

그때 마침 나는 육아휴직을 하다 복직을 하게 되었다. 육아휴직 복직이 결정되면 복직 전에 교육을 받아야 한다. 나는 먼 거리를 운전하여 교육받으러 다녔다. 쉬는 시간에 잠깐 같이 교육받는 사람들과 이야기를 나누었다. 이야기를 하다가 나는 색다른 어린이집을 알게 되었다. 그 색다른 어린이집은 '공동육아 어린이집'이다. 이 어린이집은 부모들이 조합원이 되어 출자금을 내 어린이집을 설립하고 운영한다. 교사들도 부모들이 고용한다. 주로 어린이집은 친환경적으로 자연과 가까이 있는 곳에 위치하고 아이들은 매일 산책을 간다는 것이다. 나는 매일 산책을 간다는 말에 가슴이 뛰었다.

나는 휴직 기간 동안 육아서를 많이 읽었다. 책에서 본 다양한 경험과 정보들을 바탕으로 육아에 대한 나름의 가치관이 생겼다. 아이는 저마다 타고난 본성이 있다. 그 본성이 스스로 발현될 수 있도록 주변 환경을 만들어 주는 것이 중요하다. 인위적인 주입이 아니라 자연스런 성장을 돕는 것이다. 즉 병아리가 껍질을 깨고 나올 때 힘들더라도 타고난 본성을 깨달을 수 있도록 지극히 소극적인 도움을 주는 어미 닭과 같은 역할이 필요하다. 시련을 극복할 수 있는 기회를 주면서 인위적인 강요를 절제해야 한다. 소극적인 지지로 스스로 배워갈 수 있는 환경을 만들어 주자는 각오를 했다.

나는 일반 어린이집에서 공동육아 어린이집인 '도토리 어린이집'으로 아이들을 옮겼다. 복직 전 교육에서 알게 된 공동육아 어린이집이 고양시에도 있는지 찾아보았다. 찾아보니 파주까지 해서 5군데 공동육아 어린이집이 있었다. 전화를 해보니 다들 빈자리가 없었다. 그때가 9월이었다. 졸업 시기가 아니라서 빈자리 있는 어린이집 찾기가 어려웠다. 다행히도 '도토리 어린이집'에서 5세, 4세 자리가 비어 있다고 했다. 아들은 제 나이에, 딸은 생일이 빨라 나이보다 한 살 많은 4세 방으로 들어가게 됐다.

어린이집에 옮기고 나서 아이들은 몰라보게 밝아졌다. 아들은 도토리 어린이집으로 옮긴 이튿날 "엄마 도토리 어린이집은 칭찬 도장이 없어서 좋아요!"라고 했다. 나는 깜짝 놀랐다. 아니, 칭찬 도장이면 그야말로 칭찬해주는 것 아닌가? 당연히 좋다고 생각했는데, 아이는 칭찬 도장을 받지 못할 때 스트레스를 받았던 것이다. 조금만 깊이 생각하면 이해할 수 있는 부분이었다.

여기서 아이들은 매일 산책을 했다. FM이라는 별칭까지 붙은 점잖은 수홍이는 그야말로 개구쟁이가 되어갔다. 아이들옷은 매일 흙투성이가 된다. 흙투성이가 된 아이들의 옷을 보면서 아이들이 제대로 잘 크고 있다는 안심과 함께 어린이집 걱정도 거둘 수 있었다.

아들이 초등학교에 들어가기 2년 전부터 나는 고심했다. 일반학교를 보낼 것인지 아니면 대안학교를 보낼 것인지 긴 시간을 두고 생각했다. 요즘은 혁신학교도 있어 도토리 부모들이 혁신학교를 많이 생각하고 있었다. 혁신학교를 보내기로 결정한 아마공동육아어린이집에서는 부모를 아빠와 엄마의 줄임말로 '아마'라 부른다들은 아이들에게 한글을 가르치기 시작했다. 자연 친화적, 발도르프적 철학의 도토리 어린이집이기에 드러내고 가르치는 분위기는 아니지만 한글 교육을 시키고 있었다. 나는 한글을 가르치지 않고 좀 더 자연스러운 발달 단계에 맞는 교육을 위해 대안학교를 결정했다. 그리고 지금 '고양자유학교'에서 큰아이는 2학년, 작은 아이는 1학년으로 즐겁게 다니고 있다. 방학을 맞은 아이들은 말한다.

"방학이 싫어. 학교에 가고 싶어, 집은 너무 심심해. 학교 가고 싶어."

때로는 초등학교부터 대안학교를 보낸 내가 신기하다. 만약 육아서를 읽지 않았다면 어땠을까? 육아와 교육에 대한 고민을 진지하게 할 기회를 가지지 않았다면? 많은 책을 읽고 나름의 교육관이 생기지 않았다면 어땠을까? 아마도 아이들을 대안학교에 보내지 못했을 것이다. 하지만 나는 조금도 망설이지 않았다. 아이들을 다른 교육의 길로 보내면서도 두렵지 않았다. 공교육을 시키지 않으면서도 여러 번 의심하지도 않았다. 지금 생각해도 초등 대안학교를 결정할 때의 나는 육아서를 읽기 전 나와 완전 다른 나였다.

이것은 육아서를 비롯해 교육관련 다양한 책을 읽었기 때문에 나의 삶과 아이의 삶이 바뀐 것이라 생각한다. 즉, 책을 통해서 가치관이 바뀌었고 삶의 형태도 바뀌었다. 지금 아이는 대안학교에서 너무나 행복해한다. 그때의 선택은 탁월한 선택이었다. 교육에 있어서 아이도 나도 만족한다.

전쟁과 사업에서 성공하는 비밀, 독서

이해성 저자의 『1등의 독서법』에 보면 이순신 장군에 대한 이야기가 나온다. 1592년 4월 임진왜란이 일어났다. 이순신은 1591년 2월 전라좌수사로 부임하여 1년 2개월 동안 전쟁을 준비하였다. 왜군은 쾌속정을 이용해서 빠르게 접근하여 갈고리를 걸고 조선의 배로 들어와 전투를 벌이는 수법을 사용했다. 이것을 막기 위해 왜군들의 쾌속정이 접근할 수 없도록 화포를 정비하고, 그들이 기어 올라올 수 없도록 창날을 박은 거북선을 건조했다.

이순신 장군이 이런 전쟁 준비를 하게 된 것은 『손자병법』에 나오는 '승병선승이후구전'을 따르려고 했기 때문이다. 즉 이기는 군대는 승리할 수 있는 상황을 만들어놓고 전쟁에 임한다는 뜻이다. 책에 나오는 지식을 기초로 자신의 상황에 적용하여 거북선을 건조하였고 결국 조선군의 피해를 최소화하고 23전 23승의 역사적 승전을 거둘 수 있었다. 책의 지식을 통해 얻은 지혜를 삶에 적용한 사례는 우리 주변에서도 찾아볼 수 있다.

'이디야 커피'를 창업한 문창기 사장은 사업 초창기에 제대로 성과를 내지 못하자 고민에 쌓였다. 그래서 일부러 그 해답을 찾기 위해 두 달 동안 책만 읽었다. 책을 읽으면서 자신의 문제를 해결하기 위해 고심했다. 그리고 책에서 얻은 지식을 바탕으로 새로운 깨달음을 얻었다.

"내부 고객의 만족 없이는 회사의 발전도 없다." – 문창기 '이디야' CEO

그 깨달음의 실체는 내부 고객의 중요성이다. 내부 고객, 즉 사내 직원의 만족 없이는 회사의 발전도 있을 수 없다는 사실이었다. 그 후 그는 자신이 깨달은 바대로 회사를 경영하면서 이디야 커피를 10년 만에 업계 1위로 올려놓았다.

사업에 성공한 CEO는 책이 개인의 변화뿐 아니라 사업 성공의 밑거름이 됨을 안다. 그렇기 때문에 사업을 성공하기 위해서라도 더욱 책을 읽게 된다. 책에서 얻은 지식으로 새로운 아이디어를 보고 깨달은 바를 삶에 그대로 적용한다.

책에는 수많은 지식과 정보가 들어있다. 자신의 관심 분야의 주제를 잡고 책을 읽으면서 지식과 정보는 쌓여간다. 같은 주제의 수많은 책들을 읽다보면 자연히 양적 성장이 질적 성장으로 바뀌는 시점이 찾아온다. 정보의 통합 과정을 거쳐 통찰력이 생긴 것이다. 이런 통찰력을 통해 자신의 의식이 확장되고 행동의 변화가 일어난다. 사고와 의식이 바뀌니 자연히 행동도 달라진다. 자연스러운 변화는 그냥 오지 않는다. 자신의 삶에서 책의 내용을 적용할 때 찾아온다.

책에서 보고 느낀 지식과 깨달음을 삶에 적용해보라. 아주 사소한 것이라도 좋다. 적용해보면 책의 내용이 나에게 값진 보물이 된다. 책만 읽는 바보가 되지 마라. 오로지 읽기만 하고 삶에 적용하지 못하는 바보는 아무것도 변하지 않고 어제와 같은 오늘과 내일을 살 뿐이다.

"독서는 체험을 하는 것이 중요하니, 참으로 정밀히 살피고 밝게 분별하여 심신으로 체득하지 않는다면 날마다 수레 다섯 대에 실을 분량의 책을 암송한다 한들 자신과 무슨 상관이 있겠는가." – 정조 대왕

'하루 한 권' 플러스 – 빌 게이츠를 인터넷 제국의 왕으로 만든 것은?

'유명인 중 독서광은 많지만, 가장 유명한 사람이 빌 게이츠이다. 그는 '나를 만든 것은 마을 도서관이다.'라고 말할 정도로 독서의 중요성을 강조한다.

빌 게이츠가 여러 매체에 언급한 책들은 장르와 시대를 불문한다. 영화로 만들어져 인기를 끈 판타지 소설 『헝거게임』, 테니스 스타 안드레 애거시의 자서전 『오픈』, 고전의 반열에 드는 아담 스미스의 『도덕 감정론The Theory of Moral Sentiments』, 뉴욕대 윌리엄 이스털 리 교수의 『세계의 절반 구하기The white man's burden』, 미시간대 프라 할라드 교수의 『저소득층 시장을 공략하라The Fortune at the Bottom of the Pyramid』, 영국 옥스퍼드대 폴 콜리어 교수의 『빈곤의 경제학The Bottom Billion』까지 다양하다.

그는 '하버드 졸업장보다 소중한 것이 독서 습관'이라고 말하며 일상에서의 독서가 인생을 얼마나 뒤바꿀 수 있는지 이야기한다. 그는 여전히 독서광이며, 몇 년 전, '게이츠 노트'라는 블로그를 만들어 대중들과 독서와 책에 대하여 소통하고 있다.

3장

최적의 독서법으로 핵심을 꿰뚫어라

"많은 책들은 독자들이 생각할 것을 요구하지 않는데
그 이유는 매우 간단하다.
책들은 작가들에게 그런 요구를 하지 않았기 때문이다."
– 찰스 칼렙 콜튼

목차를 보고 마음 가는 곳부터 읽어라

"도서관에 가서 모든 책을 읽는 것을 두려워하지 말라."

– 드와이트 데이비드 아이젠하워

나무가 아니라 숲을 보려면 목차를 보라

당신은 새로운 책을 읽을 때 어떻게 읽는가? 긴장감과 함께 읽을 분량을 체크하면서 표지는 생략하고, 목차는 보는 둥 마는 둥하고 바로 본론부터 들어가지는 않는가?

사실 내가 그렇게 읽었다. 연간 독서 목표까지 세우면서 열심히 읽을 때도 여러 해 동안 표지는 대충, 목차 또한 별 관심 없이 한 번 훑고, 그렇게 책을 읽었다. 250페이지 이상인 책을 읽어야 하기 때문에 다른 부수적인 내용을 읽는 것은 생략하고 바로 본론으로 들어갔다. 책을 많이 읽었지만 읽는 방법에 대한 진지한 고민이 전혀 없었다. 무조건 다 읽어내야 한다는 중압감이 앞섰다. 하지만 이런 방법만으로는 지친다. 오로지 그 방법만으로 읽는 것은 독서의 목적을 별로 신경 쓰지 않는 읽기이다. 진정한 책 읽기의 목적을 놓치고 숲보다 나무만을 보는 행위라고 할 수 있다.

자신이 책을 읽는 이유가 무엇인지 한 번은 반드시 생각해봐야 한다. 책 읽는 목적이 무엇인가? 한 권의 책에서도 기대하는 것이 있다. 목적을 잊지 않으면 적절한 방법을 수시로 찾아 사용하게 된다. 사람마다, 책마다, 장르마다 읽는 목적이 다 다르다. 특히 장르를 보자면, 시집이나 소설류를 읽을 때와 자기계발서를 읽을 때는 읽는 방법을 달리 해야 한다.

문학서 읽듯 자기계발서를 읽으면 그 만큼 지루해지기도 하고 피곤해진다. 문학서를 읽는데 마음이 가는 글만 읽는다면 전체의 흐름을 못 잡게 될 수 있다. 읽는 목적을 잃어버리면 다른 데 비중을 두게 된다. 처음부터 끝까지 꼼꼼하게 읽어야 한다고 읽는 자체에 의미를 두는 상황이 된다. 끝까지 읽어내는 것보다 더 중요한 것은 당신이 읽는 목적을 달성하는 것이다. 끝까지 못 읽었더라도 자신에게 필요한 보배를 한 가지라도 얻는 것이다. 원하는 정보와 지식, 깨달음을 갖는 것이다. 그렇게 책을 통해 세상살이에 조금이라도 도움을 받고 행복한 인생을 살기 위해 책을 읽는 것이 아닌가?

내가 관심을 가지고 선택한 책에서 기대하는 것을 얻기 위해서는 무조건 들이대고 읽지 말아야 한다. 일단 그 책과 얼굴도 트면서 가볍게 접근하는 태도가 필요하다. 그렇게 조금 친해지고 본격적인 읽기에 들어가보라. 친해지면 저자의 성향을 알게 된다. 저자의 문체가 느껴지면서 말하고 싶은 저자의 의도와 글의 핵심을 파악하기 쉬워진다. 그리고 전반적인 분위기와 흐름을 알고 내가 필요로 하는 부분을 빨리 파악할 수 있다. 이렇게 가벼운 접근이 의외로 큰 수확을 가져온다. 가벼운 접근이 있는 읽기는 마음가짐 자체가 달라진다. 부담이 줄어드는 것이다.

그렇다면 어떻게 해야 책과 좀 친해질 수 있을까?

간단하다. 그 책에 대해 조금이라도 더 알면 된다. 모르면 아예 관심도 없어진다. 친해지는 것은 불가능해진다. 좀 더 힘들지 않으면서 자연스러운 방법이 있다. 그것은 사람을 사귈 때를 생각해보면 보다 쉬운 방법을 찾을 수 있다.

새로운 책을 잡으면 우선 표지부터 들여다보면서 제목과 부제목을 읽고 어떤 책일까 상상해본다.

한 명의 사람을 만나듯 한 권의 책을 대하라

한 권의 책을 알기 위한 것은 새로운 사람을 만나 알아가는 과정과 같다. 사람을 처음 만나면 우선 얼굴과 외모에서 분위기를 느낀다. 대략 감을 잡는다. 하지만 그것은 나의 주관적인 선입견일 수 있다. 구체적인 데이터가 필요하다. 시간을 두고 조금씩 관찰하며 그 사람이 어떤 말을 하는지 관심을 갖는다. 무심결에 내뱉는 단어나 문장들은 내면의 강력한 표현들이기에 중요한 단서가 된다. 물론 행동으로도 판단한다. 외적으로 드러나는 모든 것이 그 사람 내면을 대변하기 때문이다.

'아, 이 사람은 이런 문제를 이렇게 생각하고 있구나.'
'나와 생각이 다른 부분도 있네.'

이런 과정을 통해 점점 상대방을 알게 된다. 책도 마찬가지다. 책에 조금씩 알기 위해 서두르지 마라. 처음부터 힘주고 꼼꼼히 차례로 읽는다고 다 얻을 수 있는 것이 아니다. 처음에는 너무 욕심을 내지 말기 바란다. 사람도 급하게 친해지려고 하다보면 부작용이 생긴다.

책도 그렇다. 새로운 책을 잡으면 우선 표지부터 들여다보면서 제목과 부제목을 읽고 어떤 책일까 상상해본다. 띠지에도 핵심 문구들이 있으니 훑어본다. 그리고 서문은 저자의 의도가 가장 잘 드러나는 곳이다. 서문을 통해서 책의 전반적인 내용을 추측할 수 있다. 천천히 정독하면 그 어떤 부분보다 많은 것을 알 수 있다.

다음으로 책을 알고 친해질 수 있는 부분이 목차다. 목차는 보통 30~40챕터 정도로 구성되어 있다. 대주제는 보통 4장에서 5장으로 쓰인다. 우선 대주제만 읽어보고, 그 다음에 소주제를 포함해서 1장부터 5장까지 순서대로 읽어본다. 목차만 검토하여 추측하고 생각하면서 말로 설명하기를 실천한다면 단숨에 독서 효율이 높아질 것이라고 주장하는 일본 작가『수만 가지 책 100% 활용법』, 우쓰데 마사미도 있다. 하지만 목차를 말로 다시 설명하는 것은 일반적이지 않다. 그렇게까지 하지는 않더라도 목차를 최대한 꼼꼼히 읽어보는 것은 충분히 가능하고 권장할 만하다. 읽으면서 상상해보라. 어떤 내용들이 들어있을지 머리로 상상하면서 읽는 것이다.

목차로 전체를 보고 마음이 가는 부분부터 읽어라

목차는 전체 구조와 흐름뿐 아니라 핵심, 키워드, 등 전반적인 것을 알 수 있게 해준다. 목차를 보면 특히 자신이 읽고 싶은 챕터가 눈에 띌 수도 있다. 한 번 봐서 잘 모르겠다면 목차를 다시 읽어보는 것도 요령이다. 분명 빨리 읽고 싶은 한두 챕터가 생길 것이다. 사실 나도 본격적인 독서 초창기에 목차를 유심히 보지 않았다. 왠지 시간이 아까웠다. 어차피 처음부터 끝까지 읽을 건데 목차에 시간을 뺏길 수 없다고 생각했다. 목차가 눈에 쉽게 들어오지도 않았다.

목차에 대한 중요성을 인지하지 못해서 그랬는지도 모른다. 목차를 형식적으로 휘리릭 보니 마음에 끌리는 챕터도 없었다. 돌이켜 생각해보면 그때 목차를 건성으로 넘겨버렸기 때문에 책에 대한 부담감을 줄일 수가 없었다. 목차에서 마음에 가는 챕터를 찾아야 나의 수준에 맞게 그 책을 더 잘 알고 읽을 수 있게 된다.

목차 중에 마음에 가는 챕터부터 읽으면 책에 대한 관심이 더 생긴다. 물론 반대로 관심이 떨어질 수도 있다. '뭐 이런 책이 다 있어.' '내가 쓰도 이것보다 잘 쓰겠다.' 하는 실망감을 주는 책도 있을 것이다. 혹은 너무 수준이 높아 버겁다고 느낄 수도 있다. 그래도 한두 챕터 더 찾아 읽어본다. 역시나 똑같다면 금싸라기 같은 자신의 시간을 낭비하지 않게 된다. 빌린 책이라면 읽지 않고 옆으로 치워두었다가 반납하면 된다. 구매한 책이라면 책꽂이에 다시 꽂아두어 한 번의 유예를 줄 수도 있다.

관심이 가는 챕터를 먼저 읽고 호기심이 더 생기면 다시 앞으로 가서 목차를 본다. 목차를 다시 훑으면서 두 번째 읽을 챕터를 찾아 읽는다. 계속 책이 기대를 저버리지 않으면 목차에서 관심이 가는 챕터에 아예 체크를 여러 개 하고 읽어나간다. 이렇게 읽으면 책과 빨리 친해지면서 읽는 부담감이 줄어든다. 왜냐하면 관심과 호기심이 계속 발동하고, 재미가 있기 때문에 즐겁게 핵심 위주로, 필요한 것부터 차례로 빠른 속도로 읽게 된다.

자기계발서는 이렇게 마음이 가는 챕터 먼저 읽어도 된다. 자기계발서는 한 가지 주제를 바탕으로 쓰였지만 챕터별로 개별적 이야기를 담고 있기 때문에 원하는 부분부터 먼저 읽어도 된다. 아니 오히려 그렇게 읽어야 한다. 문학서처럼 처음부터 끝까지 차례로 읽는 것은 시간낭비다. 바보 같은 짓이다. 정말 자기에게 소중하고 중요한 책이라면 모르겠다. 그것이 아니라면 바보처럼 읽지 말고 책의 홍수시대에 맞게 마음이 꽂히는 챕터부터 현명하게 읽으면 된다.

마음에 가는 챕터부터 읽으면 그 책을 빨리 정복하게 된다. 그 책에서 저자가 주장하는 핵심을 인지하고 내가 필요한 것을 취했다면 정복했다고 할 수 있다. 물론 읽고 나서 나의 삶에 적용까지 한다면 최고다. 차례로 읽었지만 읽었다는 성취감 외에는 실제로 무엇이 남았는지, 뭐가 도움이 되었는지 모르는 경우가 많다. 기억을 못하니 실제 삶에 도움도 전혀 되지 않는다. 하지만 그러려니 하고 만족해서는 안 된다. 한 가지라도 나의 삶에 영향을 줄 수 있는 것이 있어야 시간 투자한 것이 아깝지 않다.

책의 홍수시대에 맞게 마음이 꽂히는 챕터부터
현명하게 읽으면 된다.

어떤 작가는 과제를 하기 위해 대학원 교수가 두꺼운 교재에서 골라 준 여러 개의 챕터를 읽어야 했다. 그는 마음에 드는 챕터부터 읽음으로써 빠른 시간에 쉽게 다 읽을 수 있었다고 한다. 과제물 작성도 제시간 내에 만족스럽게 끝냈음은 물론이다. 마음에 드는 챕터를 통해 책에 대한 친밀감과 호감이 생기면서 다른 챕터도 쉽고 빠르게 읽게 된다.

우리는 그동안 처음부터 차례로 읽어야 한다고 배워 왔다. 확실히 그렇게 배운 것인지는 모르겠지만 지금껏 그렇게 공부를 해왔다. 교과서에서 9단원 배우고 2단원 배우다가 1단원 배우는 경우는 없다. 1단원, 2단원, 3단원 차근차근 밟아나가면서 공부했다. 때문에 순서대로 하지 않으면 왠지 죄를 짓는 것 같은 이상한 기분까지 든다. 처음부터 끝까지 읽는다는 것은 불문율과 같다. 그런 읽기 문화가 지금도 여전히 존재하고 있다. 바쁜 세상에 틈을 내서 책을 읽고자 하는 사람들에게 독서를 더욱 어렵게 하는 원인이 된다. 그렇다면 이제는 바꾸어보자. 1페이지부터가 아니라 목차를 보고 읽고 싶은 것부터 읽는 것이다.

목차를 보면서 마음 가는 챕터부터 읽으면 부담감 없이 즐겁게 읽을 수 있다. 핵심 위주로 자신의 필요에 따라 챕터를 읽어나간다. 목차에 나온 순서대로가 아니라 자신의 흥미에 따라 스스로 순서를 정해 읽어나가는 것이다. 자신이 중심이 되어 순서를 정해 읽는 책은 집중이 잘 된다. 재미도 더 있다. 읽는 속도가 빨라지는 것은 덤이다. 보다가 관심 없는 챕터는 아예 읽지 않을 수도 있다. 다 읽어야 한다는 부담감을 내려놓으면 마음 가는 챕터부터 집중해서 읽어나갈 수 있다.

책의 선택에서도 자신의 관심과 호기심에 따라 결정하듯이 읽을 때도 똑같이 이 원리를 적용하는 것이다. 당신의 관심과 호기심에 따라 책을 선택하는 이유가 무엇인가? 좀 더 즐거운 독서를 하기 위해서다. 삶에 좀 더 도움이 되기 위해서이다. 스트레스가 적은 독서를 위해서다. 그러니까 읽을 때도 그렇게 읽는 것이다. 당신의 관심과 호기심에 따라 마음이 가는 챕터부터 읽어라. 그리고 독서가 좀 더 즐겁고, 삶에 도움이 되고, 스트레스의 적은 행복하고 즐거운 책 읽기가 되도록 만드는 것이다.

키워드를 정하고 집중 독서하라

"개를 제외하고 책은 인간의 가장 좋은 친구다."

– 그루초 마르크스

키워드가 곧 핵심이다!

5년 전 본격적인 독서를 시작했을 때 나는 책 한 권을 잡으면 처음부터 끝까지 샅샅이 읽었다. 물론 책 이외의 곳에서 현실 문제를 해결하기 위해 방황하기도 했다. 고민이 해결될 것 같은 기미가 보이면 어디든 기웃거렸다. 하지만 내가 직접 몸으로 뛰거나 돈을 지불하는 등의 대가를 치르지 않고 찾을 수 있는 해법은 없었다. 게다가 대부분의 방법은 별도로 내 시간을 내지 않으면 안 되었다.

돈도 시간도 여의치 않았던 나는 문제 해결을 위해 다른 방법을 찾아 헤맸다. 그렇게 노력한 끝에 내가 처한 현실에 가장 적합한 방법을 알게 되었다. 그것은 돈도 많이 들지 않고 시간의 제약도 없이 언제 어느 곳에서든 나의 의지만 있다면 가능한 방법이었다.

바로 독서였다.

본격 독서를 시작할 때 나의 고민은 오직 '육아'였다. 늦은 나이에 시작한 육아는 쉽지 않았다. 그런 내 앞에 육아서는 무궁무진한 해결책 모음이었다. 내가 궁금해 하는 모든 내용들이 책에 담겨 있었다. 저자들은 나보다 먼저 느꼈고 먼저 해법을 찾아서 책을 쓴 것이다. 그런 저자들의 이야기는 나에게 실질적인 도움이 되었다. 나는 너무나 기뻤다. 책을 통해 미처 예상하지 못한 육아 문제까지도 미리 대비할 수도 있었다. 그리고 당면한 육아 문제뿐 아니라 앞으로 전개될 자녀교육에 대한 큰 그림을 그리는 것까지 책의 도움을 받을 수 있었다.

하지만 많은 책을 읽다 보니 중복되는 내용이 많았다. 그래서 어느 순간부터는 한 권의 책에서 필요한 내용이나 핵심은 일부이기 때문에 핵심 위주로 읽었다. 책의 모든 내용이 다 나에게 다 중요한 것은 아니다. 읽는 것 자체가 목적은 아니다. 나는 책으로부터 필요하거나 중요한 정보와 자료를 얻고 육아에 대한 힌트와 도움을 목적으로 읽었다. 또한 책의 지식이 바탕이 되어 새로운 아이디어가 생기는 것이 좋았다.

나는 이런 독서 경험을 통해 키워드를 먼저 찾기 시작했다. 바쁜 삶에서 활용할 시간은 제한되어 있다. 한 권 읽는 데 많은 시간을 투자할 수 없다. 독서할 시간이 부족했다. 그에 반해 읽어야 할 책은 많았다. 육아서를 읽으면서 관심 영역이 넓어졌고 보고 싶은 책은 더욱 많아졌다. 그리고 책에서 말하는 핵심 메시지는 일부라는 사실을 깨닫게 되었다. 즉 한 권의 책에서 핵심은 20% 이내라는 것을 자연스럽게 알게 되었다. 이런 이유로 본격적인 책 읽기 전에 먼저 키워드부터 찾았다. 키워드부터 찾아 읽으니 또 다른 효과가 생겼다.

키워드를 훑으면 책과 친숙해질 수 있다

핵심이 되는 키워드를 찾다 보면 책과 더욱 친숙해진다. 그러면 그 책에 대한 부담감도 줄어든다. 새로운 책을 대하면 새로운 사람을 만나는 것처럼 마음에 부담이 된다. 그 사람이 어떤 성격의 소유자인지, 어떤 사람인지 모르는 상태다. 나와 코드가 맞을까? 안 맞으면 어떻게 하지? 새로운 사람을 대하면 이렇게 다양한 이유로 긴장이 된다.

새로운 책도 마찬가지다. 하지만 키워드를 먼저 찾으면 이런 마음의 불편함이 줄어들어 더욱 쉽게 끝까지 읽을 수 있다. 또한 키워드를 알고 읽으니 핵심 메시지를 찾기도 훨씬 쉽다.

일본의 작가 소노 요시히로는 『1년에 500권 마법의 책 읽기』에서 키워드를 미리 찾아 두면 점화 효과를 높여 내용을 쉽게 이해할 수 있다고 한다.

"책을 읽기 전에 페이지를 쭉 넘기면서 미리 읽어두면 '점화 효과'를 얻을 수 있다." – 『1년에 500권 마법의 책 읽기』, 소노 요시히로

점화 효과란 '나중에 받은 자극을 처리할 때 먼저 받은 자극이 영향을 미치는 것'을 말한다. 쉽게 설명하자면 '한 번 본 적이 있는 것은 두 번째 봤을 때 이해하기 쉽다.'는 뜻이다. 예습을 하면 이해도가 높아지는 것도 이에 해당된다. 또한 자동차로 목적지에 갈 때보다 목적지에서 집에 돌아올 때의 거리가 가깝게 느껴지는 것도 점화 효과 때문이다.

키워드를 찾는 세 가지 방법

그렇다면 이 키워드를 찾는 방법은 어떤 것들이 있을까?

니시무라 아키라는 키워드를 알아내는 방법으로 세 가지를 말한다.

"책을 읽으며 키워드를 알아내는 데는 세 가지 방법이 있다. 먼저 머리말, 서론, 프롤로그 부분을 정독하는 것이고, 그 다음 알파벳 등을 사

용한 약자를 체크하는 것이다. 마지막으로 괄호나 인용부호 안에 들어 있는 문장에 주의를 기울인다."

–『업무력을 2배 높이는 직장인의 6가지 독서 습관』, 니시무라 아키라

머리말, 서론, 프롤로그 정독은 키워드를 찾을 때 빠지지 않는 것으로 다른 책에서도 자주 나온다. 나도 이 부분은 정독한다.

구체적으로 키워드를 찾는 나의 3가지 방법을 소개한다.

1. 책 표지와 띠지
2. 머리말과 목차
3. 챕터 제목과 소제목

1, 2, 3번을 차례차례 정독하는 것이다. 우선 책 표지나 띠지에 쓰여 있는 단어나 문장을 주의 깊게 본다. 둘째는 머리말과 목차를 정독해서 읽는다. 셋째는 본문을 넘기면서 꼭지 제목을 읽으면서 빠른 속도로 책장을 넘긴다. 좀 더 구체적으로 살펴보자.

첫째, 책 표지나 띠지에 쓰여 있는 단어나 문장을 주의 깊게 본다. 보통 책을 읽을 때 표지에 주의를 안 하고 가볍게 넘기는 경우가 많은데

표지에서 많은 자료와 정보를 얻을 수 있다. 표지에 있는 제목과 띠지는 사람으로 따지면 얼굴과 같다. 얼굴을 보고 그 사람의 전반적인 것을 추측할 수 있다. 표지는 출판사들이 독자들의 호기심과 흥미를 끌기 위해 가장 고심하는 부분으로 정제된 키워드가 들어간 핵심 문장으로 홍보 효과를 높인다. 독자는 표지를 통해 키워드와 핵심 메시지를 찾고 추측할 수 있다.

둘째, 머리말과 목차를 정독한다. 머리말은 저자가 책을 쓴 의도, 목적, 요약 등이 적힌 도입 부분이다. 어떤 문체로 쓰인 책이고 무엇이 목표이며 그 전체적인 흐름이 어떤지 알 수 있는 매우 중요한 역할을 한다. 목차에 그 책에서 다루는 모든 챕터 제목이 나온다. 전체적인 구성과 흐름을 알 수 있다. 즉 전체를 조감할 수 있는 조감도의 역할을 한다. 이 두 부분을 통해서 키워드를 추측하면서 내가 필요한 책인지 아닌지 대략 판단할 수 있다.

셋째, 책장을 넘기면서 챕터 제목을 읽으면서 전체를 훑어본다. 이것은 목차에서 챕터제목들을 읽는 것과 또 다른 느낌을 준다. 책장을 넘기면서 챕터 제목을 읽다보면 호기심이 생기면서 무심코 흘려 넘겼던 단어나 문장이 눈에 뜨일 수도 있다. 키워드가 무엇인지 느껴지기도 하고 책의 흐름이 좀 더 구체적으로 짐작될 수도 있다. 책이 너무 어렵고 부담이 될수록 이 방법을 추천한다. 책장을 넘기면서 읽는 챕터 제목은 당신에게 책을 읽고 싶은 의욕을 불러일으킬 것이다. 바쁠수록 돌아가라는 속담이 이 경우에 딱 적용된다. 바쁠수록, 어려울수록 책장을 넘기면서 챕터 제목을 읽어보아야 한다.

키워드를 먼저 찾으면 전체 책 읽는 시간이 빨라진다

키워드를 찾으면서 전체를 한 번 훑어보는 것은 책 읽는 시간을 대폭 줄일 수 있다. 시간이 많이 걸릴 것 같지만 실제로는 많이 걸리지 않는다. 물론 처음에는 익숙하지 않아 어색할 수 있다. 하지만 점점 익숙해지고 오히려 그 방법이 책에 부담감도 덜 느끼고 읽기 쉽다는 것을 알게 된다. 왜냐하면 표지, 머리말, 목차, 본문의 챕터를 훑어 읽으면서 저자가 책을 쓴 의도와 핵심 메시지를 추측할 수 있기 때문이다.

당신은 어떤 방법으로 책을 읽고 있는가? 시간은 없고, 읽고 싶은 책이나 읽어야 할 책이 많은 상황에서도 과거의 방법을 고집하고 있지는 않은가? 인생은 짧고 읽을 책은 많다. 어쩌면 한 가지 독서법으로 지금껏 많은 시간을 낭비해왔는지도 모른다. 독서의 목적, 장르에 따라 방법을 달리해서 읽어보라. 이제 키워드 먼저 찾아 훑어보고 핵심 위주의 편안한 책 읽기를 해보라. 독서 방법이 바뀌면 독서가 당신의 중심 생활이 되고, 그렇게 꾸준히 하다 보면 어느새 인생에 변화가 찾아온다.

독서의 방법이 바뀌면 독서가 당신의 중심 생활이 되고,
그렇게 꾸준히 하다 보면 어느새 인생에 변화가 찾아온다.

징검다리 독서로 책을 2번 이상 읽어라

"아무리 유익한 책이라도 그 반은 독자가 만드는 것이다."

– 볼테르

강약을 조절하며 건너건너 읽어라

'건너뛴다.'라는 문장을 보면 가장 먼저 생각나는 것이 있다. 개울가에 뜨문뜨문 놓여있는 징검다리다. 개포동에 있는 언니 집에 간 적이 있다. 언니와 함께 개포동에서 가장 좋은 산책지인 양재천에 갔다. 길게 늘어져 있는 양재천은 아침저녁으로 산책하는 사람으로 붐볐다. 양재천을 중간으로 해서 양쪽에 산책로가 정비되어 있다.

강아지를 데리고 나와서 산책하는 사람, 아이들 유모차에 태워 나들이 하는 사람들이 많다. 특히 햇볕이 좋은 주말에는 더욱 사람들이 더욱 붐빈다고 언니는 이야기했다.

붐비는 사람들 사이를 피해 반대편 산책로로 옮겨가기 위해서 양재천을 건너기로 했다. 그때 건너야 하는 것이 징검다리였다. 양재천 중간에 커다란 바위가 뜨문뜨문 놓여있다. 바위가 튼튼해 보이기는 하지만 막상 건너려고 하니 긴장됐다. 징검다리를 건너본 경험이 거의 없기 때문에 난감할 뿐이었다. 그런데 양재천 주변 동네 사람들은 아무렇지 않게 잘도 건넜다.

처음에 한 발 떼는 것이 어색해서 쭈뼛쭈뼛했다. 징검다리 앞에서 잠시 망설였다. 하지만 용기를 내서 바위에 발을 올려놓는 순간, '어! 별거 아닌 걸, 재미있기까지 한데…….'라는 생각이 들었다. 하나, 또 하나. 바위를 껑충껑충 건너면서 어느 순간 양재천을 다 건넜다. 징검다리를 건넌 덕분에 여유롭게 산책을 즐길 수 있었다. 덜 붐비는 곳에서 주변을 구경하면서 산책을 할 수 있게 된 것이다.

어쩌면 독서도 비슷하다고 생각한다. 징검다리를 통해 반대편 산책로로 이동하여 여유롭고 즐겁게 산책하듯이 독서도 때로는 건너뛰면서 읽을 수도 있는 것이다. 양재천에 징검다리 바위가 있듯이 책에는 그 책의 핵심이라는 징검다리가 있다. 그 핵심을 짚고 넘어가지 않으면 밋밋한 책 읽기가 된다. 강약이 없는 책 읽기는 속도도 안 나고 읽고 난 후에도 핵심을 모르게 된다.

저자의 입장이 되어 핵심을 파악하라

'80%의 효용이 20%에서 나온다.'

앞에서 살펴보았던 파레토의 법칙을 한 권의 책에도 적용할 수 있다. 즉 그 책에서 얻을 수 있는 효과의 80%는 전체의 20%에 의해 형성된다는 것이다. 따라서 독서를 통해 효율적인 결과를 얻으려면 필요한 핵심 부분이 무엇인지를 파악해야 한다. 결론부터 말하면 일단 '가볍게 전체를 훑어보는' 것이 중요하다. 한 권의 책에서 핵심은 읽는 사람에 따라 다를 수 있다. 물론 저자가 말하고 싶은 핵심도 다를 수 있다. 중요한 것은 저자의 의도를 바탕으로 자신만의 핵심을 찾아서 읽는 것이다.

저자의 입장에서 책을 쓰는 과정을 살펴보자.

책은 쓰고자 하는 주제를 먼저 정해야 한다. 자신이 가장 잘 아는 부분이나 관심 있는 부분이 주제가 된다. 그리고 다음으로는 그 주제에 맞는 목차를 정해야 한다. 내가 정한 주제에 맞게 하고 싶은 말을 바탕으로 목차를 만드는 것이다. 목차를 통해 각 꼭지별 원고를 쓰게 된다. 꼭지 제목은 전체 주제에서 벗어나지 않는 내용으로 정한다. 소제목인 꼭지는 나의 경험과 지식, 또 다른 책과 신문이나 인터넷 각종 수단을 통해 글감을 찾아 쓰게 된다. 하나의 원고 내에서도 핵심은 있다. 한 문단에서도 핵심은 있고, 한 문장에서도 핵심어와 그것을 뒷받침하는 단어들이 있게 마련이다.

처음부터 끝까지 한 권의 책을 통째로 읽지 않아도 '이 부분만 확인하면 전체를 알 수 있다!'라고 말할 수 있는 요점이 바로 핵심인 것이다. 물론 이것은 문학서보다는 자기계발서에 주로 해당된다. 한 권의 책에서 20% 분량만 잘 골라 집중해서 읽으면 그 책의 엑기스를 보게 된다. 나머지 80%는 20%을 설명하는 부분이다. 다시 말해서 80%는 속도를 내서 읽고 핵심인 20%는 서행 운전하듯 천천히 읽으면 된다. 쉽게 말해 강약 조절을 통해 핵심 위주의 건너뛰기 독서를 하는 것이다.

하나의 책을 건너뛰어서 최소 2번 읽어라

많이 읽는 것이 중요한 것이 아니라, 핵심을 내 것으로 만들면서 읽는 것이 중요하다. 읽는 속도에 완급을 두며 중요한 부분은 자세히 읽고, 필요 없다고 생각되는 부분은 과감히 건너뛰어 읽어야 한다.

본격적으로 독서를 시작했을 때, 나는 건너뛰기 방식의 독서를 하지

80%는 속도를 내서 읽고 핵심인 20%는 서행 운전하듯 천천히 읽으면 된다. 강약 조절로 핵심 위주의 건너뛰기 독서를 하는 것이다.

않았다. 왠지 핵심 위주로 건너뛰기 하는 것이 나의 정서에 맞지 않았다. 건너뛰기 자체가 불성실하고 대충하는 듯한 느낌이어서 나에게 반감이 생겼다. 누군가에게 당당하게 "나 이 책 읽었어."라고 말하기 위해서라도 나는 처음부터 끝까지 읽어야 한다고 여겼다. 결코 자랑하기 위해 책을 읽는 것은 아니지만 만약 그렇게 말할 때 더욱 당당하기 위해서 '건너뛰기는 안 돼.'라고 생각했다.

나만이 아니라 대부분의 사람들이 그렇게 생각할 것이다. 하지만 정말 잘못된 생각이다. 아니, 잘못된 생각이라기보다 발전을 가로막는 고정관념이다. 시험 문제에 무엇이 나올지 모르니까 처음부터 끝까지 읽는 공부하는 방식의 읽기다. 물론 강약을 두고 있으면 괜찮다. 핵심을 의식하면서 핵심을 철저하게 나머지는 빠르게 넘어가듯이 훑으면 괜찮다. 그렇게도 못하는 것이 우리의 독서하는 방식이다. 너무나 힘들게 책을 읽는 것이다.

그동안 나는 500권 이상의 책을 읽었다. 처음에는 건너뛰기 없이 읽었지만 지금은 그렇게 하지 않는다. 책 읽는 방법도 독서경험이 쌓이면서 진화한다. 독서 고수의 방법을 참고하여 나만의 방법이 생겼다. 진화된 방법으로 '하루 한 권 독서'도 충분히 가능해졌다. 책 읽기가 부담이 줄고 재미가 생기고 즐기게 된다. 그러기 위해서는 한 권의 책에서 핵심을 파악하는 연습부터 해야 한다.

나는 책을 읽기 전에 전제로 삼는 것이 있다. 그것은 빠르게 2~3번을 읽는다는 것이다. 2~3번이라고 하니 시간이 아주 많이 걸린다고 생각할 수 있으나 오히려 그 반대다. 같은 시간이라도 1번 읽는 것보다 여러 번 읽는 것이 이점이 훨씬 많다. 책의 구조뿐 아니라 반복되는 핵심 단어나 저자의 의도를 알 수 있어서 핵심을 빨리 파악할 수 있다.

한 번 이렇게 읽고 나면 책에 대한 부담감도 확 줄어든다. 그리고 의외로 생각지도 않은 호기심과 관심, 의문이 생긴다. 그렇게 그 책에 대한 호감이 높아지면서 더욱 집중해서 핵심 위주의 책 읽기를 할 수 있다. 읽을 때는 중요도와 필요도에 따라 속도를 조절한다. 중요하거나 필요하지 않으면 속도를 내거나 건너뛰고, 핵심 부분인 경우에는 천천히 집중해서 읽는다. 그러면서 줄도 긋고 포스트도 붙이면서 책을 빠르게 읽어나간다. 그리고 다음에 읽을 때는 표시된 부분 위주로 읽으면서 내 것으로 만들어 간다. 이런 방법이 처음에는 너무 번거롭게 생각되는데 익숙해지기만 하면 그 어떤 책도 두렵지 않게 된다.

뇌는 분명한 것을 좋아한다. 뇌는 중요한 핵심을 좋아한다. 뇌가 좋아하는 핵심 위주로 빠르게 재독을 해서 분명해지면 기억에 오래 남는다. 그리고 나의 새로운 신경회로가 만들어 진다. 한 번 읽고 덮는 과거의 방식으로는 뇌에 새로운 개념의 신경회로를 만들 수 없다.

나는 진지하게 한 번 읽는 것보다 최소 2번 이상 보는 방법을 사용한다. 핵심 위주 재독하는 방법이 훨씬 시간도 적게 걸린다. 그러면서 머리에는 제대로 남는다.

자기만의 독서법 자체가 없는 경우가 많다. 독서법이 없다는 의미는 다들 한 가지의 방법으로 책을 읽는다는 것이다. 사람들은 자신의 읽는 방법을 의심하지도 않는다. 그냥 학창시절 공부할 때 읽는 방식으로 계속 그렇게 읽는다. 그것이 당연한 것이라 착각한다. 똑같은 템포로 저자가 이끄는 대로 한 자 한 자 읽어간다. 자신이 중심에 서지 않는 책 읽기는 점점 힘들어 진다. 그리고 다음 책은 시간이 없다는 핑계로 뒤로 미루어진다. 그냥 연중행사로 읽는 상황이 발생하기도 한다.

나는 여러 시행착오를 거쳐 어떻게 읽어야 즐겁게 오랫동안 읽을 수 있을까 고민했다. 그 방법은 핵심 위주로 읽으면서 한 권의 책을 너무 오래 잡고 있지 않는 것이다. 나의 관심 주제에 따라 다양하게 자주 접하다 보면 나의 호기심은 계속 유지된다. 그래서 지금 나는 나의 경험과 지식을 바탕으로 독서법을 강조하는 것이다. 이 시점에서 다시 한 번 강조하고 싶다.

인생에 도움이 되고 즐거운 책 읽기는 당신이 중심이 된 핵심 위주 읽기이다. 당신의 생각을 가지고 느낌이 가는 대로 20% 핵심을 찾아 읽어라. 핵심 중심으로 건너뛰면서 읽어라. 빠르게 재독하며 뇌에 새겨라. 뇌에 새겨진 새로운 개념과 지식은 당신에게 새로운 지혜를 안겨줄 것이다. 지금 읽는 방법을 과감히 바꾸어라. 자신감을 가지고 도전해보자. 그런 반복된 도전이 다양한 책을 만만하고 즐겁게 읽게 할 것이다.

과감한 메모 독서로 뇌를 자극하라

"당신 자신을 책의 일부로 하는 가장 좋은 방법은
책 속에 글을 적어 넣음으로써 이루어진다."

– 모티어 애들러

수업 시간에 필기 하듯이 책에도 메모를 하라

일반적으로 수업을 들으면서 노트나 교과서에 필기를 한다. 수업을 하면서 선생님 얼굴만 뚫어져라 응시하는 경우는 드물다. 선생님이 하시는 말씀을 노트에 적는다. 칠판의 내용도 따라 적기도 한다. 그렇게 공부하는 것이 당연시된다. 학생이라면 그런 방법에 익숙하다.

하지만 책을 읽으면서 책에 메모를 하는 경우는 어떤가? 노트에 필기하는 것과 달리 책에 메모하는 사람은 자주 보기 어렵다. 책은 깨끗이 사용해야 한다는 묵시적 사회 분위기 때문이다. 책을 읽다가 감동받은 문구가 나오면 독서노트에 적거나 앱에 저장한다. 책에 메모하려고 시도를 해봐도 익숙지 않아 다른 곳에 하게 되는 것이다.

하지만 나는 책에도 과감히 메모를 하라고 말하고 싶다. 메모를 통해서 그 책은 새로운 책으로 다시 태어난다. 나만의 책이 된다. 작가와의 진정한 대화를 통해 새롭게 변화된 책은 나에게 값진 자산이 된다. 시간이 지나도 그 때의 감정과 느낌이 새록새록 기억난다. 줄을 치거나 메모를 하지 않았다면 내 생각이 변화한 흔적을 알 수 없다.

도서관에서 빌린 책에 메모를 하고 지우개로 박박 지우다

나는 2014년 고양시로 이사를 왔다. 이사는 본격적으로 책을 읽기 시작하고 1년 후의 일이다. 내가 책에 관심을 가진 만큼 나는 도서관부터 인터넷으로 검색을 해보았다. 고양시에는 도서관 수가 많았다. 집 가까이에도 있었다. 시립도서관도 있고 동네마다 작은 도서관도 있었다. 그리고 어린이 도서관도 여러 군데 있어 감탄의 환호성을 불렀다.

이사 오기 전에는 집 가까이에 도서관이 없어서 30분 정도 차를 타고 가서 책을 빌려다 보곤 했다. 그때 첫째인 수홍이를 어린이집에 보내고 둘째 정아를 차에 태우고 책을 빌리러 가는 것이 곤욕이었다.

'도서관이 가까이 있으면 얼마나 좋을까?'

책 빌리러 갈 때마다 푸념을 했다. 그러다가 도서관이 도처에 깔려 있는 고양시에 이사를 오니 얼마나 기뻤는지 모른다. 거의 매일같이 도서관을 찾았다. 물론 아이들도 데리고 갔다.

도서관에서는 1인 7권까지 빌릴 수 있다. 가족 대출증을 만들면 한 사람이 가족 수만큼 빌릴 수 있다. 그러나 책에 낙서를 하면 안 된다. 줄도 그으면 안 되고 메모 또한 하면 안 된다. 나는 학창시절부터 공부를 할 때 줄을 긋고, 좀 더 기억하고 싶은 것은 빨간색으로 표시도 하면서 책을 봤다. 책에 메모도 하면서 책을 본다. 그런데 도서관 책은 그렇게 할 수가 없었다. 그래서 고민을 했다. '어떻게 하지?' 줄을 긋지 않으니까 책 내용이 이해가 잘 되지 않았다. 이해가 잘 되지 않으니 재미도 떨어졌다. 그래서 과감히 결심을 했다.

연필로 줄을 긋거나 메모를 하기 시작했다. 도서관의 책이지만 내가 이해도 못하고 그냥 빌렸다가 반납하는 것은 여러모로 낭비다. 다른 사람의 빌릴 기회만 뺏는 것일 수 있다고 생각했다. 책을 보면서 과감히 줄을 그으니까 나의 뇌는 각성 상태가 되었다. 그 책과 적극적인 대화가 가능했다. 책으로 자극을 받고 나는 줄긋기와 메모로 반응을 했다. 비록 도서관 책이지만 줄 긋고 메모하면서 책을 읽으니 핵심 위주 독서가 더 잘되었다.

그런데 2주일 뒤 책을 반납할 때 매우 성가신 일이 생겼다. 지우개로 줄 긋고 메모한 것을 다 지워야만 했기 때문이다. 책이 많을 때는 지우는 시간만으로도 2시간이 넘게 걸렸다. 줄을 지우면서도 한 번씩 읽으니까 시간이 그렇게 걸리게 되었다. 지우개로 지우면서 한 번 더 읽는 장점도 있지만 바쁠 때는 그 작업이 쉽지 않았다. 그래서 반납시간을 넘기는 경우가 종종 발생하게 되었다. 반납일이 하루 지나면 하루 동안 그 명의로는 책을 빌릴 수가 없게 된다.

하지만 도서관에서 책을 빌려보면 여러 가지 좋은 점이 있다. 우리나라 성인의 평균 독서량이 1년에 10권 이내다. 나도 그렇게 책을 읽을 때는 책을 구매하는 것이 부담스럽지 않았다. 하지만 연간 100권 계획을 실천하다보면 책값도 부담스러워진다. 도서관 책은 그런 부담이 없어서 좋다. 게다가 도서관 책을 활용하다 보면 집에 책이 쌓이는 불편함도 없어진다. 한 번 본 책은 다시 보기가 쉽지 않은데 버리는 것도 쉽지 않아 가지고 있는 경우가 많다. 사지 않고 빌려서 보면 그런 고민이 자연스럽게 해결된다.

도서관에서 빌려 보는 책의 결정적 단점은 깨끗이 봐야 한다는 사실이다. 공용으로 보는 책이기 때문이다. 도서관 책은 경제적이라 좋지만 손발을 묶어두고 움직이라는 것과 같았다. 차렷 자세로 걷거나 뛰어가

메모를 통해서 그 책은 새로운 책으로 다시 태어난다.

나만의 책이 된다.

또 손을 쓰면 뇌가 자극된다. 메모하라.

라고 하는 것 같았다. 손을 움직이지 않고 걷거나 달릴 수는 없다. 줄을 긋거나 표시를 하거나 메모를 하지 않고 책 읽는 것은 사고의 자율성을 묶어두는 것과 같다.

손을 쓰면 뇌가 자극된다 메모하라!

펜 필드 뇌 지도라는 것이 있다. 이것은 펜 필드라는 의사가 간질 치료를 위해 뇌 수술을 하다가 뇌의 대뇌피질 특정 부분에 전기적 자극을 주면 각기 다른 신체 부위가 반응한다는 사실을 발견했다. 뇌의 대뇌피질 각 부분과 신체 부위의 1대 1 대응관계를 그린 것이다. 이 지도에서는 얼굴과 손 부분이 대뇌피질의 많은 부분을 차지하고 있다. 역으로 말해서 손을 움직여야 뇌 부분을 많이 자극할 수 있다는 것이다. 그리고 이해력을 높일 수 있다.

그래서 나는 책을 구매해서 읽기 시작했다. 그리고 편안하게 내가 원하는 만큼 줄을 긋고 메모를 한다. 줄을 그으면서 나의 사고의 흐름을 볼 수 있었다. 내가 이런 부분에 반응을 하는구나, 내가 좋아하는 구절은 이런 부분이구나, 느끼면서 책을 읽는다. 거울을 통해 나를 보듯이 책의 표시와 메모를 매개로 내가 모르는 나의 모습을 더욱 잘 발견하게 되었다.

도서관 책이 이런 아쉬움이 있지만 아직도 나는 도서관을 즐겨 방문하고 책을 빌린다. 도서관에서 빌려서 읽다가 줄 긋기나 메모를 많이 하고 싶은 책을 발견할 경우가 있다. 그런 기분이 들면 바로 온라인 서점에서 주문을 한다. 줄이나 메모로 흔적을 많이 남긴 도서관 책의 흔적들을 지우기 아까워서 차마 지우지 못하고 똑같은 새 책을 구매해서 반납한다. 도서관 봉사자에게 다시 라벨을 붙이게 하는 민폐를 끼치지만 그래도 그 방법을 사용한다. 가끔 내가 책에 줄을 긋고 메모를 하는 이유가 무엇인가 생각해보았다.

책에 남긴 흔적은 나의 또 다른 모습이다. 내가 평소에는 미처 모르던 모습이 줄 긋기나 메모를 통해서 책에 남겨져 있는 것이다. 나의 또 다른 모습을 내가 찾고 싶을 때 그 책은 나에게 있어야 한다. 비록 그 책을 다시 찾지 않을 수도 있다. 하지만 그것은 항상 나의 곁에서 나의 또 다른 모습, 내가 해야 할 일, 내가 희망하는 지점, 나의 꿈, 나에게 즐거움을 줄 일 등 여러 자극을 준다. 그 때문에 간직하고 싶은 것이다.

손은 특별한 도구라고 말한다. 칸트는 "손은 바깥으로 드러난 하나의 두뇌다."라고 말했다. 손은 바깥 뇌라고 할 만큼 뇌의 많은 부분에 관여하고 뇌를 자극한다. 독서를 하는 것은 뇌를 사용해서 정보를 입력하고 새로운 아이디어를 창조하는 지적 행위이다. 다른 곳에 메모하는 것보다 책에다 메모하는 것이 쉽다. 읽으면서 바로 책에 메모하는 행위는 뇌를 가장 쉽게 자극하는 방법이다. 뇌를 자극하면 뇌가 좋아하는 입력 방식인 핵심 위주의 독서를 할 수 있다.

책에 남긴 흔적은 내 성장의 흔적이다

책을 깨끗이 봐서 좋은 점은 딱 한가지 밖에 없다. 중고 책으로 넘길 때이다. 하지만 중고 책으로 넘겨서 받는 이득은 많지 않다. 그 이득보다 마음대로 줄 긋고 메모하는 책 읽기가 훨씬 이득이다. 삶에도 훨씬 도움이 된다.

책에 흔적을 남기면서 기록을 하다 보면 생각할 수 있는 시간도 갖게 된다. 책에 쓰여있는 대로 나의 사고가 끌려가는 것이 아니라 나만의 생각을 할 수 있게 된다. 손으로 줄 긋고 메모하면 한 번 더 생각하게 된다. 줄 긋고 메모하는 것에는 특별한 방법이 있는 것이 아니다. 자신이 느끼는 대로 자신이 마음 가는 대로 표시하고 기록하면 된다.

당신은 책을 읽을 때 책에 메모를 하는가? 메모 없이 깨끗이 보는 성향이 있으면 왜 그렇게 하는지 한 번쯤 생각해보길 바란다. 특별한 이유가 없이 습관적으로 그렇게 하면 과감히 책에 메모하기를 권한다. 줄 긋고 메모하는 행위 자체만으로 독서가 더욱 쉬워지고 즐거워진다는 것을 느껴보기 바란다. 책은 하나의 수단이다. 수단 이상으로 생각하면 손해라는 점 기억하라.

'하루 한 권' 플러스 – 손으로 글씨를 쓰면 뇌가 자극된다

칸트는 '손은 바깥으로 드러난 또 하나의 두뇌'라고 했다. 손을 뇌의 명령을 받는 기관으로만 생각할 수도 있지만, 손은 그 반대로 뇌에 가장 많은 영향을 끼치는 부분이다.

글씨 쓰기는 그 자체만으로도 뇌 발달에 효과가 있다. 미국 워싱턴대 버지니아 베르닝거 교수는 "손으로 글씨를 쓴다는 건 타이핑보다 훨씬 더 많은 뇌 운동을 필요로 한다."고 밝혔다.

글씨를 쓰면 뇌에서 사고와 언어를 담당하는 부분과 정보를 저장하고 관리하는 부분까지 활발히 반응한다. 치매 환자들에게 손으로 하는 블록 놀이, 퍼즐 놀이 등을 권유하는 것이 다른 이유가 아니다.

마감 시간을 정해 두뇌를 최대로 가동하라

"두뇌의 세탁에서 독서보다 좋은 것은 없다.
건전한 오락 가운데 가장 권장해야 할 것은
자연과 벗하는 것과 독서하는 것 두 가지라 하겠다."

– 도쿠도미 로카

당신의 뇌는 지금보다 더 계발될 수 있다

눈에 보이지 않지만 우리의 생명과 존재에 직접적으로 영향을 주는 것은 많다. 대표적인 것이 공기다. 눈에 보이지 않는 공기가 실제 사라졌다면 어떤 상황이 발생할까? 찹쌀떡을 먹다가 기도가 막혔다고 상상해보자. 알사탕이 기도를 막았다고 생각해보자. 내가 그런 상황에 직면해 있다고 상상해보면 제대로 실감이 된다. 평소 느끼지 못한 산소의 갈급함이 극에 달할 것이다. 산소 공급이 단 4분만 되지 않으면 바로 뇌사상태로 접어든다. 공기는 단 4분의 부재로도 우리 삶에 치명타를 준다. 그렇지만 평소에 그 중요성에 대해 절절히 느끼면서 사는 사람은 없다. 뇌도 비슷한 취급을 받는다. 하지만 다행스럽게도 뇌는 최근 조금씩 그 중요성을 제대로 인지하는 사람이 많아지고 있다.

우리는 뇌가 있기 때문에 나라는 정체성과 존재감을 갖고 살아간다. 옛날에는 뇌가 가슴이나 배에 있다고 했지만 현대 의학과 뇌 과학의 발달로 지금은 뇌가 머리에 있다는 것을 안다. 그것뿐 아니라 우리의 생각, 동기 부여, 의지, 바람, 꿈, 잠재능력 등 많은 부분이 뇌와 연관이 있음을 알게 되었다.

그래서 현대에는 뇌에 좋은 음식을 찾아서 먹는 사람도 있고, 뇌에 좋은 생활습관을 하는 사람도 있다. 술을 즐기는 사람은 기본적으로 술이 간에 안 좋다는 것을 알 뿐 아니라 뇌에도 치명적이라는 것을 점점 인식한다. 의학에서 말하는 '알코올성 치매' 예방을 위해 일반인들도 스스로 뇌의 건강관리를 시작했다.

요즘 뇌의 중요성을 알고 뇌 건강관리가 중시되는 분위기가 된 반면 한 가지 아쉬운 것이 있다. 그것은 뇌의 기능 계발에 대해서 관심을 가지는 사람이 극소수라는 것이다. 뇌는 고정된 것이 아니다. 자신의 생각, 습관, 의지, 노력에 따라 두뇌 속의 신경 연결망은 계속 변화된다. 두뇌를 열심히 계속 사용하면 신경 연결망은 두꺼워지고 촘촘해져서 더 많은 일들을 할 수 있다. 뇌의 가동률이 높아진다. 운동을 하면 몸이 건강해지듯이 두뇌를 잘 사용하면 두뇌의 능력도 좋아진다.

책을 읽을 때 뇌의 능률을 올리는 방법

그렇다면 두뇌의 능률을 올리는 방법이 어떤 것이 있을까? 어떻게 하면 최대한 뇌를 가동시킬 수 있을까? 독서할 때, 나는 뇌를 최대한 가동시켜 하루 한 권 독서를 할 수 있었다. 구체적인 방법을 몇 가지 공개한다.

① 독서 목표를 정한다

첫째, 연간 독서 목표나 하루 한 권 목표를 정하면 두뇌는 그 목표를 이루기 위해 자동적으로 열심히 움직이게 된다. 나는 육아서를 읽기 시작하면서 독서를 시작했다. 육아서를 통해서 아이들을 키웠다고 할 수 있다. 도서관에서 쉽게 육아서 찾을 수 있었다. 도서관은 비슷한 주제끼리 모아놓았기 때문에 초보자들이 자신의 관심 있는 주제로 책을 고르기가 쉽다. 그 당시에는 강원도에서 육아 휴직 중이었기에 좀 멀리 있는 도서관 이용의 불편함도 개의치 않고 육아서만 싹 쓸어서 그야말로 편식 독서, 집중 독서를 했다.

편식 독서를 통해 나는 독서의 즐거움을 느끼면서 독서에 대한 욕심이 커졌다. 영양섭취에 있어서는 편식을 지양해야 되지만 독서에 있어서는 독서가 생활화되게 하는 일등공신 역할을 한다. 독서 초보 탈출에 있어서는 편식이 아주 최적의 방법인 것이다.

어느 정도 책이 만만해지고 좋아지기 시작하자 나는 독서에 대한 욕심이 왕성하게 생기기 시작했다. 독서를 하지 않은 사람은 왜 안하는지 신기해 할 정도로 독서의 필요성을 느꼈다. 나는 권수 목표를 세웠다. 연간 100권이라는 목표를 세웠다. 1년이 52주이니 1주에 2권씩 읽으면 100여 권이 조금 넘게 된다. 단순계산 후에 그 다음으로는 어떻게 독서 시간을 확보할 것인지 고민했다.

1권의 독서 시간을 따져보니 처음부터 끝까지 꼼꼼하게 읽으면 5~7시간이 걸렸다. 처음에 비해 기존 지식이 쌓이다 보니 다른 책에서도 내용이 중복되는 것을 찾을 수 있었다. 그래서 나는 내가 아는 부분은 건너뛰면서 읽기 시작했다. 그렇게 읽으니 1권에 3시간 정도 투자하면 되었다. 일주일에 6시간의 시간 확보를 점검해보았다. 지금은 하루 한 권 독서를 실천하고 있어서 하루에 3시간 확보를 하고 있다. 하루 한 권 독서를 하다 보면 의외로 하루 중 낭비되는 시간이 많다는 것을 깨닫게 된다. 가장 에너지가 넘치는 새벽 시간도 그냥 흘려버린다는 것을 인지

하게 된다. 수많은 성공한 사람들이 그렇게 소중히 활용한 그 시간을 당신의 삶으로 끌어들여보라. 놀라운 변화가 생길 것이다.

두뇌에 독서 목표를 세워 알려주기만 하면 두뇌는 목표를 이룰 방법들을 찾는다. 철저한 시간 계산에서부터 내가 활용할 적절한 시간, 시간 확보할 방법, 자신의 독서 기술 점검, 새로운 독서 기술 도전 등 다양한 시도를 한다. 그 중에서 나는 특히 독서법에 대한 관심이 폭발적으로 많아진 경험을 했다. 독서법에 대한 주제의 다양한 책을 찾아 읽는다. 그리고 다양한 방법을 사용한다. 현재 나는 핵심 위주의 선택과 집중 독서를 시행하면서 독서력이 많이 향상된 것을 느낀다. 하루 한 권 독서도 이런 계기로 해서 달성하게 된 것이다.

독서 목표를 세우기 전과 후는 너무나 많은 변화가 있다. 목표 전에는 오로지 나의 의지와 의식으로만 독서를 한 것이고 목표 후에는 나의 뇌가 발휘하는 무의식의 영역까지 이용한다는 느낌을 받는다. 나의 뇌만이 아는 다양한 대안들이 불쑥 불쑥 튀어나와서 나의 목표를 이루게 해준다. 가끔 놀랍다는 생각을 한다. 목표를 가진 두뇌는 문제 해결, 목표 달성을 위한 대안을 이미 갖고 있다는 믿음을 가져도 된다.

② 시각화 효과 – 이미지 트레이닝

둘째, 시각화 효과를 독서에서도 활용할 수 있다. 운동선수들은 시각화 혹은 정신적 이미지를 매우 강조한다. 이를 일반적으로 '이미지 트레이닝'이라고 한다. 우리가 직접 몸을 움직이지 않고 필요한 일을 상상하는 것만으로 그 수행 능력을 상당 부분 올릴 수 있다는 사실을 알기 때문이다. 의료 기계로 뇌의 변화를 확인한 결과 생각과 상상만으로도 두뇌에 변화가 일어난다는 사실을 확인할 수 있다.

나는 독서 목표를 이루는 모습을 상상했다. 새벽에 일어나 믹스 커피를 타서 책상이 있는 아이 방으로 가서 스탠드를 켜고 즐겁게 책을 읽는 모습을 상상했다. 하루 한 권 독서를 하고 뿌듯해 하는 나의 모습이 영화관에서 영화를 보듯 선명하게 느껴졌다. 하루 한 권 독서한 책을 노트북에다 기록한다. 언제나 나의 완독한 목록을 확인할 수도 있다. 이런 상상과 활동들은 독서에 대한 시각화로 목표 달성을 하는 데 강력한 동기 부여가 된다.

③ 마감 시간을 활용한다

셋째, 마감 시간을 매일 활용하는 것이다. 마감 시간의 절박한 상황이 되면 두뇌는 최대의 능력을 발휘한다. 평상시 편안한 상태에서는 필요 없는 전력 질주의 상황이 만들어진다. 하루 한 권 핵심 위주 독서를 하다보면 1권에 3시간으로 정해놓은 시간 확보가 안 될 경우가 있다. 그럴 경우에는 3시간을 다소 단축시킨다. '3시간이 아니라 2시간 후 책을 덮는다.'라고 시간을 정해두고 읽는다. 1시간으로 정한 적도 있다. 인간의 잠재능력을 테스트해보고 싶으면 이 방법을 써보길 바란다. 신기하게도 결단을 하기까지 어렵지 결단 후에는 그 시간 동안 책을 볼 수 있게 된다. 아는 것은 건너뛰고, 눈에 걸리는 핵심 위주로 읽게 되면 그 책의 대부분이 감이 잡힌다.

1시간에 한 권 읽기나 2시간에 2권 읽기는 아예 해보지 않은 사람도 많을 것이다. 3시간 한 권 독서도 마찬가지다. 그러나 부담없이 한 번 자신의 고정관념에서 벗어나 한 번 시도해보라. 못 읽더라도 다음에 또 읽으면 된다는 마음으로 해보라. 해보지 않은 것에 대한 두려움은 버리고 말이다.

단시간에 한 권을 다 읽어버리면 두려움이 생기는가? 손해볼 게 뭐가 있는가? 효과가 없으면 다시 옛날 독서법으로 돌아가면 된다. 하지만 집중독서를 실천해보고자 한다면 시간과 노력을 투자하여 터닝포인트에 이를 때까지 반드시 시도해봐야 한다. 3시간, 2시간, 1시간 마감시간을 정해두고 읽다 보면 당신의 두뇌는 최대로 가동되면서 핵심 위주 읽기가 가능해진다.

가끔 놀랍다는 생각을 한다.
목표를 가진 두뇌는 문제 해결, 목표 달성을 위한 대안을
이미 갖고 있다는 믿음을 가져도 된다.

평상시 보통 사람들은 뇌에 대한 존재를 인지하지 못하고 살아간다. 때문에 뇌를 최대로 가동시킨다는 생각 자체를 하지 못한다. 하지만 1) 목표가 생길 때 2) 이미지 트레이닝이 이루어질 때 3) 마감시간이 정해졌을 때 내 안의 다른 무엇인가가 스스로 움직인다. 실제적으로 그런 느낌을 받는다. 내 안의 다른 나는 바로 무의식이다. 뇌가 스스로 최대로 가동될 때 나의 무의식을 가장 잘 느낄 수 있다. 나의 무의식은 내가 해야 할 것을 인도하는 역할도 한다. 특히 책을 읽을 때 나는 그 무의식을 자주 느낀다. 뇌를 최대한 가동시킬 수 있는 환경을 만들고 읽어보라. 두뇌의 엄청난 잠재력을 사용해서 핵심 위주의 책 읽기를 실천하다 보면 책이 점점 만만해진다. 그리고 조금씩 삶의 변화가 생긴다.

'하루 한 권' 플러스 – 목표가 일단 눈에 보이면 동기 부여가 된다

목표를 정하는 것만으로도 일단 동기 부여가 된다. 그러나 목표가 눈에 보이면 더 동기 부여가 강해진다. 달리기를 해본 적이 있는가? 골인 지점이 보이면 '조금만 더!'라는 생각에 마지막 힘을 짜낸다.

한 연구에서 미로에 쥐를 넣고 실험했는데, 출구에 있는 먹이가 보이자 쥐들의 속도는 더 빨라졌다. 이를 '목표 가속화 효과goal gradient effect'라고 한다.

독서에서도 목표를 정했다면 그것을 눈에 보이도록 하는 것이 좋다. 하루 한 권이라면 목표를 적어 늘 눈에 보이는 곳에 놓고, 목표가 100권 혹은 리스트에 있는 책 모두 읽기라면 체크 리스트를 만들어라. 눈에 보이는 목표가 독서를 더 쉽게 해준다.

관점을 바꾸어 즐겁게 책을 읽어라

"새로운 눈으로 옛 책을 보면 옛 책이 모두 새로운 책으로 보인다.
반대로 낡은 눈으로 새 책을 보면 새 책 역시 낡은 책이 된다."

– 손보선

관점에 따라 보이는 것도 다르다

관점을 바꿀 경우에 어떤 일이 일어날까? 자신의 사고 패턴을 바꾸는 것은 새로운 발견의 씨앗이 된다.

신경의학자 올리버 색스 박사는 어느 날 특유의 틱 증상을 보이는 투렛 증후군 환자를 처음으로 보게 된다. 그 전에는 그런 병이 있다는 사실조차 몰랐었다. 그 환자를 처음 봤던 날의 다음날부터 같은 증상이 있는 사람을 보게 되고 그 이후에도 투렛 증후군 환자를 계속해서 보게 되었다.

기본적인 사고의 틀은 독특한 관심 영역을 만든다. 2012년 한 연구진은 참가자들에게 점심 무렵 공복 상태로 실험실로 오게 했다. 참가자 절반은 점심을 먹게 했고 나머지 절반은 공복 상태에서 스크린에 나타나는 단어를 맞추는 테스트를 했다. 배부른 사람은 맞추는 성적이 당연히 좋았고, 배고픈 사람은 한 가지 단어군에서만 배부른 사람들보다 압도적으로 잘 맞추었다. 바로 'CAKE케이크'와 같은 음식 단어군이었다.

다른 연구에서는 가난한 아이들이 보통 아이들보다 동전의 크기를 실제보다 크게 느낀 결과를 보였다. 가난한 아이들은 '돈'에 대한 관심이 높기 때문에 실제보다 더 크게 인식한 것이다.

이런 연구들을 봤을 때 사람들이 가지고 있는 사고, 관점이 새로운 사실을 발견하거나 색다른 문제 해결법을 찾는 데 중요한 역할을 한다는 것을 알 수 있다.

방법이 변하면 시간도 여유도 생긴다

아무리 노력해도 하루에 독서하는 시간은 한계가 있다. 독서 목표가 생기면 낭비 없이 시간을 사용하게 된다. 목표의 힘은 강력하다. 나는 본격적으로 독서를 시작한 뒤 집에서 TV도 과감히 없앴다. 집안에 TV가 없으면 심심해서라도 뭔가를 하게 된다. 그 뭔가로 가장 쉽고 만만한 것이 책 읽기다. 독서를 결심한 사람일수록 TV를 없애야 한다. 훨씬 쉽게 독서가 생활화된다. TV 시청을 희생하고 책 읽는 습관이 생기는 것이다. 문제는 책 읽는 습관에는 TV 제거가 도움이 되지만 독서목표를 이루는 데는 그것으로 부족하다.

하루에 최대 3시간까지 읽는 시간을 확보해야 한다. 나는 새벽에도 일찍 일어났다. 출근 전 2시간 확보를 생각하고 실천하려고 했다. 처음에는 일찍 못 일어나는 날이 많았지만 간혹 일어나서 책을 읽었다. 그런 때는 '나도 해냈어.'라는 행복감으로 자신감이 차오른다. 실패와 도전을 통해 어느 순간 습관이 된다. 새벽 독서 결단을 내리기가 어렵지 결단을 내리면 독서 시간은 최대 3시간 이상 확보할 수 있다. 새벽에 시간을 확보하지 못하면 하루 일과 중에 끊임없이 자투리 시간을 확보하기 위해 노력해야 한다.

시간 확보도 중요하지만 무엇보다 새로운 읽기 방법이 필요하다. 빠짐없이 모든 글자를 그대로 따라 읽으면 한 권 읽는 데 시간이 너무 많이 걸렸다. 그런 방법으로는 목표 달성이 불가능하다. 독서 목표를 못 이루더라도 지금 처음부터 끝까지 읽는 방법이 즐겁고 유익하다면 문

간혹 일어나서 책을 읽었다. 그런 때는 '나도 해냈어.'라는
행복감으로 자신감이 차오른다.
실패와 도전을 통해 어느 순간 습관이 된다.

제가 되지 않는다. 하지만 빠짐없이 읽는 방법은 읽었다는 만족감 말고는 나에게 의미 있는 핵심을 남기지 못했다. 책을 덮고 나면 무엇을 읽은 것인지 허망하게 느껴질 때도 있었다. 그리고 너무 부담되는 감정이 생겨서 독서하면서 스트레스를 받는다.

이 시대에 가장 필요한 읽기 방법은 무엇일까? 여러 가지가 있겠지만 우선 전제되어야 할 것은 한 가지 읽기 방법만 고집해서는 안 된다는 사실이다. 책의 종류에 따라, 자신의 독서 목적에 따라 어떨 때는 정독으로, 어떨 때는 핵심 위주의 속독으로 읽을 수 있어야 한다. 보통 정독보다 속독을 어려워한다. 왜냐하면 해보지 않았기 때문이다. 핵심 위주의 속독은 연습을 통해 자기 무기가 될 수 있다. 필요할 때 핵심 위주 속독을 사용할 수 있어야 책에 대한 부담감을 덜 느낀다. 시간이 없을 때 핵심 위주의 속독으로 읽는 것이 가능해야 조급증도 생기지 않는다.

읽는 방법에 대한 관점을 바꾸어야 한다. 무조건 처음부터 끝까지 읽어야 한다는 생각을 가졌다면 이제 바꾸어야 한다. 그렇게 읽는 것이 제대로 읽는 것이 아닐 수 있다는 가정을 해야 한다. 어제 그렇게 읽었기 때문에 오늘도 그렇게 읽는다는 태도는 어제 그렇게 살았기 때문에 오늘도 똑같이 산다는 태도와 같다. 발전 없는 날들이 반복될 뿐이다. 핵심 위주의 새로운 방법으로 새롭게 읽고 부담 없이 책과 함께 새로운 인생을 살아보라.

4장

시간 매트릭스 독서로 완성하는 인생의 변화

"진정으로 책을 읽고 싶다면,
사막에서나 사람의 왕래가 잦은 거리에서도 읽을 수 있고
나무꾼이나 목동이 되어서도 얼마든지 읽을 수 있다.
책을 읽을 뜻이 없다면 아무리 조용한 시골집이나
신선이 사는 섬이라 해도 독서하기에 적당치 않을 것이다."

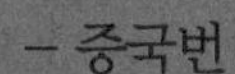
– 증국번

독서에 규칙적인 리듬을 만들어라

"독서를 즐기는 것은 권태로운 시간을 환희의 시간으로 바꾸는 일이다."

– 몽테스키외

의도적으로 시간을 정해서 읽어라

하루가 정신없이 지나간다. 의지보다는 익숙한 습관대로 주어진 역할을 하느라 언제 하루가 지나갔는지도 모른다. 평범한 직장인들은 짜인 생활의 틀에서 시간이 더욱 타이트하게 흘러간다. 워킹맘들은 직장에서 종일 시달리다 퇴근하면 가정에서 또 다른 일과가 시작된다. 직장 다니기도 힘든데 가정에서 아이 보살펴야지, 밀린 집안일 해야지. 그나마 요즘 남편들은 육아나 가정일 분담의 의지를 가지고 있어 다행이다.

나 역시 평범한 워킹맘이다. 아침에는 아이들 깨워서 밥 먹여 학교 보내고 부부가 출근하는 것이 큰일이다. 전쟁터가 따로 없다. 그렇게 아침부터 진을 빼고 출근을 하면 또 학교에서 보건교사로서 역할을 한다. 핵가족 시대의 요즘 아이들은 저마다 귀하게 대접받으며 자란다. 조금이라도 문제가 있으면 바로바로 불편을 호소한다.

보건실은 항상 만원이다. 쉬는 시간이든 수업시간이든 특별히 정해진 시간 없이 아이들은 밀려든다. 항상 대기 상태로 있어야 한다. 아이들은 조금이라도 섭섭한 대우를 받는다고 생각하면 바로 민원함에 자신이 받았다고 생각하는 부당대우에 대해 토로한다. 내가 학교 다닐 때는 보건실이 어디에 붙었는지도 제대로 모르고 졸업을 했지만 시대가 바뀐 만큼 아이들 성향도 많이 바뀌었다.

헐레벌떡 하루의 삶을 살고 나면 허탈해진다. 주어진 역할에만 충실하게 살다 보니 내 인생에 내가 없다는 느낌이 든다. 그저 내 역할이나 내 임무만 존재한다는 생각이 든다. 나의 삶인데 내가 없다고 생각하면 삶이 불행하게 느껴진다. 바쁘게 살다가도 이런 회의가 찾아올 때가 있다. 더 이상 이렇게 살 수 없다는 생각이 든다. 나의 본격적인 독서에 대한 욕구는 이런 배경에서 생겨난 것이다.

늘 가지고 다니고, 짧은 시간이라도 같은 시간에 읽어라

아무리 독서에 뜻을 둔다고 해도 시간은 언제나 부족하다. 아무리 열악한 상황이라도 독서를 습관으로 만들기 위해서는 우선 5분, 10분의 짧은 시간이라도 무조건 투자해야 한다. 언제 어떤 상황에서라도 의도적으로 시간을 내서 독서를 해야 한다.

독서가 습관이 되어 있지 않은 상태에서는 자투리 시간이나 틈새 시간의 소중함을 알지 못한다. 처음부터 긴 시간이 필요한 것은 아니다. TV보는 시간을 줄이거나 아예 없애야 한다. 스마트폰도 마찬가지다. 자기 전 단 10분이라도 스마트폰을 보는 대신 책을 읽어야 한다. 그렇게 책과 조금씩 친해지면 어느 순간 독서가 둘도 없는 친구처럼, 애인처럼 다가온다. 그때가 되면 아무리 짧은 시간이라도 독서의 즐거움을 느낄 수 있게 된다. 독서에 특별한 애착이 생기기 시작하면 자신도 모르게 독서에 할애하는 시간이 점점 많아지게 된다.

독서 습관을 기르기 위해 가장 좋은 방법은 일정한 시간에 반드시 책을 읽는 것이다. 5분이나 10분이라도 하루 중에 일정한 시간을 정해서 책을 읽기 시작하면 책에 대한 거리감이 대폭 줄어든다. 그렇게 독서 시간을 고정시켜놓으면 독서 습관은 더 빨리, 더 강력하게 형성된다. 학교기관 중에 '아침 독서 10분'을 시행하는 곳이 있다. 10분이기에 많은 양을 읽지는 못 할 수 있다. 하지만 규칙적으로 같은 시간대에 책을 읽기 때문에 꾸준히 하다 보면 독서가 습관으로 자리잡는다.

반복 행동의 위대한 힘이 적용되어 강력한 독서 습관이 만들어지는 것이다. 일정한 시간대를 언제로 잡을 것인가 생각해보라. 아침 출근 전 10분, 업무 시작 전 10분, 점심시간 10분, 퇴근 후 아이 재워놓고 10분, 취침 전 10분…. 각자 생활 여건에 따라 10분 정도의 시간을 의도적으로 정할 수 있다.

나는 아침 시간 10분을 고정해서 책을 읽었다. 우연히 아침에 책을 읽었는데 집중이 잘 된다는 것을 알게 되었다. 책의 내용이 단기 기억을 거치지 않고 바로 장기 기억으로 넘어가는 느낌을 받았다. 실제로 아침에 한 독서는 생활하면서도 문득 문득 생각났다. 그리고 기억에 오래 남았고, 기억에 남아 있는 만큼 나의 삶에 조금씩 영향을 주었다. 그런 느낌을 받으면서 나는 아침에 일찍 일어나기 시작했다. 출근 전 10분 정도 일찍 일어나 책을 읽었다. 그러면서 아침에 일어나 책을 읽지 않으면 뭔가 찝찝한 느낌까지 받기 시작했다. 안중근 의사의 말이 절실히 공감되었다.

"하루라도 책을 읽지 않으면 입에 가시가 돋는다."

책과 조금씩 친해지면 어느 순간 독서가 둘도 없는 친구처럼 애인처럼
다가온다. 그때가 되면 아무리 짧은 시간이라도
독서의 즐거움을 느낄 수 있게 된다.

아침에 일어나 잠깐씩 책을 읽다 보면 독서에 재미가 붙는다. 하지만 나는 초등학교 저학년 아이 둘을 둔 워킹맘이다 보니 가정에서도, 직장에서도 시간을 내기가 쉽지 않다. 아침을 제외하면 시간을 낼 수 있는 때는 주말이 유일했다. 그래서 주말에 도서관에 가야겠다고 생각했다. 남편한테 이야기하고 주말에 아이들이 일어나기 전에 도서관을 갔다. 여름에는 7시, 겨울에는 8시가 도서관 개관 시간이다. 아침 일찍 일어나 걸어서 15분 거리에 있는 도서관에 도착하면 아직 문 열기 전이다. 잠깐 기다리다 문이 열리면 바로 들어갔다. 책을 준비해 가기도 했지만 도서관에 가득한 것이 책이다 보니 원 없이 읽었다.

그날 이후 지금까지도 나는 주말 아침에는 무조건 도서관으로 향한다. 때로는 온가족과 함께 도서관으로 간다.

독서는 절대로 저절로 되지 않는다

하루 중에 의도적으로 시간을 만들어 책을 읽기 시작하면서 나는 틈새 시간을 독서에 할애했다. 그런데 묘하게도 틈새 시간을 활용하다 보면 틈새 시간이 자꾸 늘어난다. 이유는 간단하다. 틈새 시간 독서가 재미있기 때문에 자꾸 틈새를 찾아내기 때문이다.

연간 독서 목표 권수를 정하고 읽으면서 독서는 이제 완전한 습관이 되었고 책은 나의 신체 일부가 되는 느낌이었다. 나의 팔이나 다리, 머리처럼 내가 가는 곳에는 항상 책이 같이 따라다녔다. 잠깐 마트에 갈 때도, 아이들 병원을 데려갈 때도 항상 책을 챙겼다. 책을 챙기지 않으면 외출이 불가능할 정도가 되었다.

책을 항상 가지고 다니면서 나는 의외로 책을 볼 시간이 많다는 것을 깨달았다. 우리는 어떤 목적을 가지고 외출을 하지만 그 목적을 이루는 과정에는 언제나 중간 중간에 남는 시간들이 생긴다. 대형 마트에 갔는데 계산대에 줄이 너무 길 경우, 병원이나 미장원에서 많이 기다려야 할 때, 맛집 식당에서 음식이 나오기 전까지 기다리는 시간…….

이런 시간을 다 모으면 상당한 자투리 시간이 생긴다. 아니 자투리시간이라고 표현하기가 무색할 정도의 덩어리 시간이 생기는 것이다. 이런 시간을 하릴없이 허송한다는 것은 책을 읽는 사람으로서 용납할 수 없는 일이다. 독서를 습관화하면 결코 이런 시간을 허투루 보내지 않게 된다.

자신의 생활을 점검하고 의도적으로 독서 시간을 마련해보라. 나는 남편의 협조로 주말 오전 도서관에 가서 독서하는 것이 너무나 좋다. 나는 3시간 이상을 도서관에서 보내지만 3시간까지 아니라도 30분도 좋고 1시간도 좋다. 자신의 상황에 맞추면 된다. 주말 아침 도서관 독서를 강력히 추천하고 싶다. 도서관 독서는 누구에게도 방해를 받지 않고 집중해서 책을 읽을 수 있다.

내가 본격적으로 독서하기로 결심하고 난 뒤 직장을 다니고 어린 아이를 돌보는 워킹맘으로서 연간 100권 독서에 이어 하루 한 권 독서가 가능한 것이 이 주말 독서 덕분이다. 또한 엄마의 주말 도서관 독서는 아빠에게는 육아의 기쁨을 느낄 기회도 제공한다. 그리고 워킹맘의 고단한 심신을 회복하는 시간이 된다. 당신도 도서관에서 누구에게도 방해받지 않고 책과 함께 제대로 치유받기를 바란다.

독서 능력은 계속 진화한다. 수영을 배우려면 수영을 할 시간을 내서 수영장에 가야한다. 자전거를 배우려면 자전거 타는 시간을 마련해야 한다. 그런 것처럼 독서를 하려면 독서할 시간을 의도적으로 만들어야 한다. 짧은 시간이라도 좋다. 꾸준히 반복하면 된다. 의도적으로 시간을 만들어 읽음으로써 책이 낯설지가 않고 독서가 생활의 일부가 되도록 해야 한다. 생활의 일부로 정착된 독서 습관은 인생의 든든한 지원자나 삶의 멘토를 수시로 만날 기회를 준다.

고기도 그 맛을 아는 사람이 다시 찾듯이 책도 그 즐거움과 유익함을 알게 되면 계속 읽게 된다. 하루 한 권 독서도 가능하게 하는 독서력까지 만들어준다. 그런 진화는 당신이 의도적으로 읽을 시간을 단 5분이라도 내는 것부터 시작된다.

'하루 한 권' 플러스 – 자투리 시간만 모아도 시간을 정복할 수 있다

러시아의 과학자 알렉산드르 류비셰프는 '시간을 정복한 남자'라는 별명을 가졌다. 그는 70여 권이 넘는 학술서와 100권이 넘는 분량의 논문을 발표했고, 엄청난 양의 학술자료와 직접 제본한 수천 권의 소책자를 남겼다.

류비셰프는 26세부터 82세까지, 56년 동안 '시간 통계 노트'를 작성해서 쓸데없이 낭비되는 시간을 철저히 차단했다. 또 시간의 밭에 숨어 있는 황금 같은 자투리 시간을 모두 채굴하고, 쉴 새 없이 흘러가는 시간을 둑의 물처럼 막아 남김없이 사용했다. 그 노트를 근거로 매일, 매주, 매달, 매년 통계를 내서 낭비된 시간이 있다면 이를 메울 방법을 생각했다.

이런 노력 덕분에 그는 어마어마한 업적을 쌓으면서도 매일 8시간 이상 자고, 운동과 산책을 즐겼으며, 매년 평균 60여 차례 공연과 전시를 관람했다.

그는 시간에 쫓기지 않고 시간을 지배했다.

3배 효율이 나는 새벽 시간을 활용하라

"책을 읽으려면 먼저 마음을 안정시켜
고요한 물이나 맑은 거울 같게 해야 한다.
어두운 거울이 어찌 이치나 사물을 제대로 비출 수 있겠는가."

– 주자

시간이 없다면 일찍 일어나 새벽에 읽어라

"그동안 20년 넘게 새벽형 인간으로 살아왔는데도 불구하고 지금도 새벽 기상은 여전히 힘든 일입니다."

'공병호 경영연구소'의 공병호 소장이 말한다. 그는 대한민국의 대표적인 새벽형 인간이다. 20년이 넘게 매일 이른 새벽에 일어나서 집필,

강연준비 등 1인 기업가로서 활동하고 있다. 그렇게 오랫동안 새벽에 일어나는 습관을 가지고 있지만 여전히 일찍 일어나는 것은 쉽지 않다고 한다.

그러니 평범한 사람은 아침에 일찍 일어나기가 오죽 어렵겠는가? 아침에 일찍 일어나 무언가 생산적인 작업을 하려고 하는 사람에게는 많은 노력이 필요하다는 사실을 알 수 있다. 하지만 아침 일찍 일어나서 얻는 이득은 상상 외로 강력하고 크다. 아침 1시간은 낮 3시간에 필적할 만한다고 전문가는 이야기한다. 오죽하면 아침 시간을 황금에 비유하겠는가?

젊은 시절의 나는 주로 밤늦게까지 무엇인가를 하는 전형적인 저녁형 인간이었다. 밤에 일찍 자는 것이 왠지 시간 낭비라고 생각했다. 밤에 집중이 잘 된다고 생각해서 저녁 늦게까지 무엇인가를 했다. 무언가 열중하다 보면 어느새 새벽 1~2시가 되기도 했다. 이렇게 살다 보니 아침에는 항상 일어나기가 쉽지 않았다.

늦게까지 TV도 보고, 친구들과 수다를 떨면서 보냈다. 동료들과 어울려 이야기하다 보면 말이 길어진다. 직장에서 있었던 불쾌한 일부터, 얄미운 직장상사 험담까지 이야기는 끝이 없다. 그렇게 대부분의 저녁 시간은 의미 없이 흘러갔다.

그러니 아침에 일찍 일어나지 못했다. 게다가 어릴 적부터 아침에 일찍 일어나지 못하는 체질이었다. 고등학교 다닐 때도 매일 늦잠을 잤다. 자전거를 타고 10분이면 학교에 도착하는데, 아침도 못 먹고 남산동에서 성내동까지 냅다 달리고는 했다. 20대, 30대 초반까지 나는 병원 내의 기숙사에 살았다. 일터가 코앞에 있었지만 나의 출근 모습은 항상 허둥대는 것이었다. 지각을 할 때도 많았다. 좀 늦어도 큰 문제가 아니라고 여겼다. 하지만 그런 생활이 반복되면서 일단 몸이 너무 피곤하고 아침에 머리도 무겁고 상쾌하지가 않았다.

생활을 변화하고 싶은 필요성은 느끼지만 결심도 계획도 실천도 되지 않았다. 진작 깨달아 그 시간에 책이라도 읽었으면 인생이 바뀔 기회를 훨씬 일찍 잡을 수도 있었는데 말이다. 독서는커녕 아침부터 하루 종일 허둥대며 살았다.

그러다 늦은 나이에 결혼을 하고 늦은 육아가 시작되었다. 나라는 사람의 존재감이 느껴지지 않고 공허함이 생겨났다. 육아를 나 혼자 해야 한다는 우울한 감정과 끝없이 계속되는 몸의 피로는 항상 부정적인 생각을 몰고 왔다. 미칠 수는 없었지만 미칠 지경이었고, 죽을 수는 없었지만 죽을 노릇이었다. 당시 나는 겉으로는 '육아'라는 문제의 답을 찾고 있었지만 사실은 인생의 탈출구를 찾고 있었다. 그때 시작한 것이 독서였는데 지금 생각해보면 독서는 내 삶을 되찾게 해준 비상구였다.

에디슨이 "변명 중에서도 가장 어리석고 못난 변명은 '시간이 없어서' 라는 변명이다."라고 했지만 나 역시 독서에 시간을 내기가 쉽지 않았다. 하지만 그 단계를 넘어서야 한다. 나는 몸도 마음도 힘든 와중에 몇 차례 책 읽기를 시도하다 포기하기를 반복했다. 그때 읽은 재미있는 일화가 생각난다.

코끼리를 훈련시킬 때 어릴 때부터 말뚝에 쇠사슬로 발목을 묶어놓으면 처음에는 벗어나려고 힘으로 말뚝을 뽑기 위해 노력한다. 여러 번의 시도에도 실패를 하게 되면 어른이 되어 몸집이 커지고 힘이 세지더라도 말뚝을 뽑을 생각을 하지 못하고 고분고분 인간의 말을 잘 듣는 코끼리가 된다고 한다. 그것처럼 독서를 시도했다가 실패가 여러 번 반복되면서 아예 포기하게 되는 것이다.

책 읽을 시간이 부족해 아침에 일어나 책을 읽기 시작하다

40대에 들어서야 본격적으로 독서를 하면서 나는 시간을 관리하기 시작했다. 읽고 싶은 분야가 확장되자 독서에 대한 욕구가 점점 강해졌다. 틈틈이 읽는 시간 외에 내게는 책 읽을 시간이 더 필요했다. 나의 하루 시간을 점검했다. 낮에는 직장을 다녀야 하고, 저녁에는 아이를 챙기고 씻기고 재우고 나면 내가 먼저 잠들 때도 많았다. 깨어 있는 하루에 더 이상의 틈은 없었다. 아침 시간에도 아이들을 챙겨야 하기에 힘들다고 판단했다. 그래서 시간을 만들기 위해 일어나는 시간을 조정할 수밖에 없다는 결론을 내렸다. 그렇게 찾게 된 귀중한 골든타임이 바로 새벽 시간이었다. 아침 독서에서 확장된 것이다.

나는 새벽 5시에 알람을 맞추어놓았다. 알람을 맞추었지만 무의식 중에 알람을 끄고 자는 날이 반복되었다. 여러 날 시도했지만 계속 실패했다.

'내일부터 다시 하자.'

'워킹맘인데 새벽에 일어나는 사람은 없을 거야.'

스스로를 합리화했다. 새벽 기상은 내가 스스로 세운 계획이다. 내가 안 지켜도 남한테 피해를 주는 것이 아니다. 그러니 잠이 덜 깬 상태에서는 잠이라는 본능적 욕구에 이성은 번번이 힘을 발휘하지 못했다. 그래서 특단의 조치로 새벽에 일어나기 위해 새벽 수영을 등록했다.

그리고 새벽 수영을 가기 전에 잠깐이라도 책을 봤다. 잠깐 동안 하는 독서는 더욱 달콤했다. 뇌로 책의 내용이 바로 박히는 듯한 느낌을 받았다. 머리에 잘 입력되는 것뿐 아니라 잠깐 하는 독서가 나의 생활 전반에 변화를 가져왔다. 새벽 독서의 즐거움을 느끼면서 나는 다시 한 번 기상 시간을 조정했다.

다시 새벽 4시에 알람을 맞추어놓았다. 새벽 시간도 다 같은 새벽시간이 아니다. 6시, 5시, 4시가 느낌이 완전 다르다. 공병호 작가는 새벽 3시에 일어난다고 하는데 그것은 나의 세계에서는 불가능했다. 5시만 해도 시도해볼 만하다고 생각했는데 4시에 알람을 맞추고 보니 정말 쉽지 않았다. 하지만 이 고비를 넘기고 새벽 독서의 매력에 빠지면서 4시 새벽 시간이 오히려 기다려지기까지 했다.

새벽에 잠을 깨는 효과만점 방법이 있다. 나는 눈을 뜨자마자 바로 자리에서 일어나지 않았다. 누워서 두 팔과 두 다리를 들고 흔든다. 그러면 말초에 있는 피가 두뇌로 흘러들어가면서 의식이 빠르게 각성된다. 안 해보신 분들은 한 번 실험해보길 바란다. 아주 효과만점이다. 4시에 일어나서 수영 가기 전까지 시간이 1시간 30분정도 된다. 이 시간의 독서는 나에게 경이로운 독서 체험으로 다가왔다.

전형적인 저녁형 인간이던 나는 새벽은커녕 아침에 일어나는 것이 불가능하다고 생각했다. 하지만 실패를 반복하고 극복하면서 결국 새벽 독서는 나의 삶의 일부가 되었다. 40년간 저녁형 인간으로 살아온 나도 이럴진대 포기하지 않으면 누구나 황금시간인 새벽 시간을 자신의 독서 시간으로 만들 수 있다고 나는 강력하게 믿는다.

새벽 시간에는 누구에게도 방해를 받지 않는다.

어린 아이들은 곤히 잠들어 있고 전화기나 핸드폰도 울리지 않는다.

나를 찾는 사람은 오직 나밖에 없다.

독서 중 새벽 독서는 집중도와 상상력이 최대!

새벽 독서는 나에게 꿀맛 같은 시간이다. 새벽 독서가 특별히 좋은 이유는 집중도와 상상력 때문이다. 김태광 작가도 『출근 전 2시간』에서 '새벽에는 창의력과 상상력에 관련된 우뇌가 활발하게 작용하기 때문에 아이디어를 얻기에 더없이 좋은 시간이다.'라고 말한다.

내 경험에 비추어봐도 새벽 독서는 독서의 진정한 맛을 느낄 수 있는 최고의 방법이다. 독서가 생활화되지 않아 고민하는 사람도 효과를 제대로 볼 수 있는 방법이다. 읽어야 할 책은 많은데 읽은 시간이 없는 사람들에게 새벽 시간은 구원의 시간이다. 새벽 시간에는 누구에게도 방해를 받지 않는다. 어린 아이들은 곤히 잠들어 있고 전화기나 핸드폰도 울리지 않는다. 나를 찾는 사람은 오직 나밖에 없다. 오로지 나만의 시간이 주어지는 것이다. 책을 보면서 저자와 나만의 깊은 대화를 할 수 있는 시간이다. 무한한 상상력이 발동하여 책의 내용들이 나의 창조적 사고의 실마리가 된다.

새벽 독서를 통해 나는 진정한 몰입독서를 경험했다. 몰입 상태는 자신의 존재감을 잊을 정도로 한 곳에 집중하는 것을 말한다. 새벽에 잠을 깨면 큰 아이의 책상에 붙어있는 형광등을 켠다. 그리고 잠시 정신을 가다듬고 그 날 읽고 싶은 책을 펴서 읽는다. 신기하게도 한 구절 한 구절이 나를 위해 쓴 듯한 느낌을 받는다. 머리에도 입력이 잘 된다. 문장들이 내 몸 속에서 살아 움직이는 듯한 느낌도 든다. 많은 내용들이 너무도 생생하게 나에게 다가온다.

새벽은 사방이 고요한 가운데 잠으로 휴식을 취한 뇌가 반짝이는 시간이다. 그래서 새벽 독서를 하면 책의 내용이 그대로 흡수되는 느낌이다. 새벽 6시쯤 일어나서 책을 읽다 보면 책의 내용이 그대로 장기 기억으로 넘어가는 느낌을 받는다. 책의 내용 하나 하나가 나의 삶에 적용되면서 새로운 아이디어가 샘솟는다. 책의 종류에 따라 아이디어도 여러 가지로 떠오른다. 주로 자기계발서를 읽었는데 읽다 보면 실생활에서 어떻게 적용할지 구체적으로 생각이 났다.

해결되지 않은 문제의 답을 새벽 독서를 통해 어렵지 않게 찾았다. 평소에는 무엇이 문제이고 어떤 것이 필요한지 잘 인지하지 못할 때가 많다. 근본적인 문제를 인지하지 못한다. 너무 바쁘기 때문이다. 빨리빨리 하는 속도만이 존재하는 삶이다. 문제에 대해 고민해볼 여유를 가지지 못하는 것이다. 하지만 새벽에 깨어서 독서를 하다 보면 자신의 무의식적 세계에 가깝게 가게 된다. 평소 드러나지 않았던 깊은 내면의 모습과 문제들을 인지하는 시간이 된다. 문제를 푸는 방법에 대한 실마리도 운 좋게 얻을 수 있다.

또한 새벽 독서를 하면 선택과 집중 읽기가 자연스럽게 되고 책의 핵심도 잘 인지하게 된다. 연간 100권의 목표를 세웠을 때 자투리 시간도 허투루 보내지 않고 책을 읽었다. 하지만 그냥 열심히 읽었기 때문에 남는 것이 많지 않았다. 핵심도 몰랐다. 그냥 한 줄 한 줄 빠짐없이 무조건 읽는 것이 잘 읽는 것이라 생각했다. 읽는 자체에 집중하게 되니 독서의 진정한 목적을 잊어버린 것이다.

하지만 새벽 독서는 달랐다. 기본적으로 몰입이 잘되니 나의 무의식이 함께 하는 독서가 된다. 무의식의 힘을 빌어 내가 필요한 것 중심으로 독서를 하게 된다. 나의 무의식이 이끄는 대로 핵심의 선택과 집중 읽기가 자연스럽게 일어나는 것을 느꼈다.

선택과 집중을 하는 읽기는 내가 필요한 내용을 바탕으로 핵심 위주의 독서로 진화되었다. 삶에서도 선택과 집중이 중요하듯이 책 읽기에서도 마찬가지다. 선택하지 않고 그냥 수동적으로 책에 쓰여있는 대로 따라 읽을 때는 책을 덮고도 머리에 남는 것이 많지 않다. 기억이 남았다 하더라도 빨리 잊어버렸다. 일주일만 지나도 책 제목도 가물가물해진다. 하지만 내가 주체적인 입장에서 선택하고 선택한 것에 집중, 반복하니 여운이 오랫동안 남았다. 그리고 책 읽기가 부담되지 않고 즐거워졌다.

새벽 독서로 여유롭게 책을 읽어보라. 새벽은 집중이 잘 되는 시간이기에 핵심 위주로 읽는 즐거움에 쉽게 빠져든다. 성공하는 대부분의 사람들은 새벽에 일어난다. 새벽 시간이 몰입이 잘 되고 새로운 아이디어도 샘솟는다는 것을 알기 때문이다. 무한한 잠재의식이 발동하는 새벽 시간을 버리는 것은 인생에서 그만큼 손해이다. 독서에서도 새벽 시간은 새로운 체험의 값진 시간이 된다. 무의식과 함께 하는 독서로 자연스러운 핵심 위주의 독서를 하게 된다. 핵심을 잡는 독서가 되기 위해서는 반드시 새벽 독서를 체험해보기를 권한다. 새벽 독서로 진정한 몰입과 핵심 위주 독서 기술을 터득해보라.

'새벽에 어떻게 일어나지?'라고 염려하기보다 '새벽 독서가 그렇게 좋단 말이지?' 하는 호기심을 가져보라. 독서의 진정한 맛을 보겠다고 각오한 사람이나 독서력을 키워 독서의 수준을 높여보겠다고 마음먹은 사람은 실천해보길 적극 권장한다. 결단코 실망하지 않을 것이다. 새벽 독서는 당신을 업그레이드된 독서의 세계로 안내할 것이다.

'하루 한 권' 플러스 – 몰입의 힘

몰입 이론의 창시자 미하이 칙센트미하이 교수는 예술가나 스포츠 선수들을 연구했다. 그는 이들이 작업할 때 주변의 모든 것들을 잊어버리고 오로지 작업에만 집중하는 모습에 주목하게 되었다.

칙센트미하이는 몰입flow은 물이 막힘없고 거침없이 흘러가는 상태라고 정의했다. 몰입을 하게 되면 잠재 능력을 최고로 발휘할 수 있게 된다. 시간이 얼마나 흘렀는지, 주변에 무슨 일이 일어나는지도 모르고 오로지 그 일에만 집중하면서, 주변에 쏟을 능력을 모두 그 작업에만 쏟게 되는 것이다.

또한 『몰입』의 저자인 서울대학교 황농문 교수는 재미있기 위해서는 '몰입'이 필요하다고 이야기한다. 몰입 상태에서는 최고의 집중력이 발휘되면서 즐겁고 여유롭게 일을 할 수 있다.

'하루 한 권' 플러스 – 즐거운 밤을 포기하라

야마모토 노리아키는 『인생을 바꾸는 1시간 노트』에서 아침형 인간으로 거듭나는 9가지 필승전략을 다음과 같이 말한다.

1. 즐거운 밤 생활과 작별한다.

2. 아침형 인간의 가장 큰 적, '텔레비전'과 '인터넷'

3. 100% 일찍 일어나는 '야간작전'

4. 아기처럼 단잠에 빠지는 '꿈나라 입장의식'

5. 일어나는 시간을 자유자재로! '체내시계' 활용법

6. '5분만 더!' 를 외치지 말고 '낮잠'을 자라

7. 아침을 맞이하는 5가지 습관을 가져라

8. 뇌는 자는 동안에도 활동한다! "최적화 기능을 활용하자"

9. 일찍 일어나지 못했다고 자책하지 말자.

-『인생을 바꾸는 1시간 노트』, 야마모토 노리아키

아침형 인간이 되기 위한 위의 9가지 전략은 새벽형 인간이 되기 위한 전략이기도 하다. 나는 9가지 전략 중 새벽 독서 실현을 위해 가장 유용하다고 생각하는 것은 첫 번째, 즐거운 밤 생활과 작별하라는 것이다. 우리 부부는 저녁에 한 잔하는 것을 즐겼다. 한 잔의 술과 함께 많은 가정사의 문제들을 이야기하고 풀었다. 아이들 이야기, 집안 이야기, 서로 서운한 이야기 등 모든 것들을 주고받는다. 그러다 보면 술이 과해지는 경우가 있다. 그러면 아침 일찍 일어나는 것은 물 건너가고 출근할 때도 허둥대야 한다. 출근해서도 집중도가 떨어지면서 업무의 효율이 떨어진다. 독서는 아예 엄두를 내지 못한다.

항상 책을 곁에 두고 만만하게 봐라

"나는 뜻밖에 얻어지는 1분의 시간을 헛되이 보내지 않도록,
언제나 작은 책을 주머니에 넣고 다니는 것을 잊지 않는다."

– 윌리엄 글래드스턴

아이가 책을 가지고 놀 듯 하라

나는 나이 오십이 되었지만 아직도 아이가 어리다. 결혼도 늦었지만 결혼을 하고도 아이가 바로 생기지 않았다. 남편과 둘이서 서로 위하면서 즐겁게 살자고 위로했다. 그러다가 아들을 얻게 되었다. 연이어 17개월 차로 둘째 딸을 얻게 되었다.

늦게 가진 아이들은 더 귀엽고 사랑스러웠다. 특히 아이 아빠는 자기를 꼭 닮은 아들을 보고 좋아서 어쩔 줄 모른다. 그러다 또 딸이 태어나니 아들보다 더 좋아했다. 우리 부부는 아이들이 귀엽고 사랑스러운 만큼 잘 키우기 위해 고심했다. 잘 먹이고 잘 입히는 것은 기본이지만 뇌가 형성되는 이 시기에 어떤 환경을 만들어줄까 생각했다.

나는 책을 통해 육아에 대한 힌트와 정보를 주로 얻었다. 주로 아이가 책과 친해지는 방법에 대해 관심이 많았다. 3세까지가 중요한 시기이니 책과 친숙하게 해주기로 했다. 그 방법을 찾아 고민했다. 책도 보면서 나름 나의 생활에 맞게 책의 내용을 적용시켜 보기도 했다.

나는 아이가 책과 친숙하게 하기 위해 우선 주변에 책을 깔아놓았다. 아이는 책을 읽지는 못했지만 책을 장난감처럼 생각했다. 책을 입에 넣어 맛을 보기도 하고 책을 세워 도미노를 만들기도 했다. 어느 날은 책을 북북 찢기도 했다. 구매할 때의 가격 생각이 나서 속이 쓰렸지만 아이가 즐거워하니 어쩔 수 없었다.

무심한 듯 책을 가지고 노는 아이를 수시로 관찰했다. 아이는 책을 가지고 놀다가 다른 장난감을 가지고 놀기도 한다. 호기심 많은 아이는 잠시도 가만있지 않는다. 밥을 먹을 때도 책 위에서 먹는다. 자장면을 먹을 때는 손으로 자장면 만진 손으로 책을 만진다. 책이 자장면 소스로 얼룩지고 맛있는 자장면 냄새도 밴다. 아이는 책이 자신의 신체 일부처럼 만만해진다. 그러면서 아이는 책을 가지고 놀듯이 책에 나와 있는 글씨도 조금씩 관심을 가지게 된다.

이렇게 하면 어떤 어린아이라도 대부분 책과 친해진다. 우리 주변에는 막연히 '나는 책과 안 친해!' 라고 말하는 사람이 있다. 자신이 독서를 안 하기 때문에 스스로를 정당화하기 위해 그렇게 말하는 것일지도 모른다. 독서의 중요성을 부정하는 사람은 아무도 없다. 다만 독서가 생활의 일부가 되지 않았을 뿐이다. 독서를 하지 못하는 여러 가지 이유 중 하나가 책의 권위를 너무 크게 생각하기 때문이다. 책을 가볍고 만만하게 생각해야 책과 친해질 수 있다.

우선 책을 몸에 배게 하라

우선 책을 가까이에 두어야 한다. 사람도 자주 보는 사람이 익숙해지고 편안하게 느껴진다. 책도 마찬가지다. 어린아이가 책을 가까이에서 보면서 책을 친구처럼 생각하듯이 일단은 읽을 책을 자신의 생활 영역 여러 곳에서 자주 볼 수 있는 곳에 배치해야 한다.

나는 독서 초기에 도서관에서 가족 대출증으로 한번에 최소한 14권 이상의 책을 빌렸다. 14권을 빌리면 집 여기저기에 두세 권씩 쌓아둔다. 책상에도 두고, 거실 테이블 위에도 두고, 식탁 한 귀퉁이에도 둔다. 그러면 일상생활을 하면서 그 책의 존재를 자연스럽게 인지하게 된다. 책 제목을 여러 번 보다 보면 호기심이 생긴다.

'어떤 내용일까?'
'작가가 무슨 이야기를 적어놓았을까?'

식사하다가도 식탁 위에 쌓여있는 책을 보고 궁금해하고, 아이들과 이야기하다가도 소파 앞 테이블 위에 놓여있는 책을 보고 '어, 내가 이런 책도 빌렸네.' 라고 새롭게 발견한다. 지금 당장 읽지는 않더라도 빌린 책을 자꾸 보게 되면 그 제목이 익숙해지면서 나 나름대로 내용을 추측한다. 그리고 '나는 이렇게 생각하는데 작가는 어떻게 생각할까?' 라고 책에 대해 가볍고 만만하게 접근하게 된다.

빌려온 책을 생활공간에 두는 것은 나의 뇌가 책에 관심을 가지도록 하는 내 나름의 장치다. 더군다나 내가 관심 있어 빌린 책이니 시간이 지날수록 뇌는 더욱 궁금함을 느낀다. 책을 빌리고 지금 당장 읽어야 한다는 강박관념을 가질 필요가 없다. 내가 지금 빌린 책은 2주 동안은 나의 책이다. 원한다면 1주 연장도 가능하다. 도서관에서 지정된 기일보다 먼저 반납하라고 독촉하지 않는다.

내가 다 읽어도 되고 내가 관심 가는 책만 읽어도 누구도 간섭하지 않는다. 책을 빌려다 놓는 것까지만 해두면 내 안의 내가 만만하게 느끼는 책부터 읽게 한다.

평범한 사람도 작가가 되는 시대! 책은 메신저다!

요즘 작가들 중에는 평범한 시민들이 많다. 옛날에는 아무나 작가가 되지 못했다. 학자, 교수, 유명인, 신춘문예나 문학상에 당선된 사람이나 작가가 되었다. 그야말로 성공을 했거나 유명한 사람이어야 책을 냈다. 하지만 지금은 상황이 다르다. 성공했기 때문에 작가가 되는 것이 아니라 책을 써서 성공하고 유명한 작가가 되는 경우가 훨씬 많다.

작가가 우리와 동떨어진 세계에 사는 사람이 아니다. 평범한 사람들이 작가가 되는 시대에 살고 있다. 그들의 이야기는 평범한 이야기들이다. 학식 있고 성공한 사람들의 세계만을 이야기하지 않는다. 평범한 사람들의 이야기이니 만큼 이해도 잘되고 공감도 쉽다. 그리고 감동도 받게 된다. 책을 많이 읽지 않는 사람은 이런 사실을 모른다. '책' 하면 고차원적이고 골치 아픈 이야기만 있는 줄 안다. 시대가 바뀌어서 책을 쓰는 작가들도 평범한 보통 사람이라는 것을 모른다. 지금은 누구나 책을 쓰는 시대라는 인식을 못하고 '책이라면 어렵겠지.'라고 거창하게 생각한다.

'나는 이렇게 생각하는데 작가는 어떻게 생각할까?' 라고 책에 대해 가볍고 만만하게 접근하게 된다.

『스피치의 매력에 빠지다』라는 책을 쓴 빈현우 작가가 있다. 포항공대 컴퓨터공학과를 나온 엘리트이지만 극심한 발표 불안으로 스무 번이나 직장을 옮겨야 했던 아픔을 가지고 있었다. 스피치에 자신이 없던 그는 자신의 경험과 그것을 극복한 다양한 방법에 대해 책으로 썼다.

빈현우 작가는 '호사유피 인사유명', 즉 '호랑이는 죽어서 가죽을 남기고 사람은 죽어서 이름을 남긴다.'라고 생각했다. 그러면서 '이름을 남길 수 있는 방법은 책 쓰기이다.'라고 판단하고 혼자서 2개월 동안 꼬박 자신의 이야기에 매달렸다. 자신의 열등감의 주요 원인인 발표 불안을 책으로 써서 발표 불안증이 있는 많은 독자로부터 호평을 받았다. 그리고 베스트셀러 작가가 되었다. 첫 책이면서도 스피치 부분에서 스타작가라고 할 수 있는 김미경 작가보다 앞서는 기적과 같은 결과를 냈다.

평범한 직장인이었던 빈현우 작가의 이야기를 통해 발표 불안증을 가진 사람은 감동을 받는다. 저자가 들려주는 솔직하면서도 생생한 경험이 발표 콤플렉스를 가진 많은 사람들에게 콤플렉스를 극복할 수 있는 자신감과 노하우를 제공해주기 때문이다. 작가는 책을 쓰기 시작하면서 스스로 발표불안 극복에 대한 확신을 가졌다고 한다. 책을 쓰면서 문제를 해결해나간 것이다. 책을 읽는 독자는 그 문제 해결의 노하우를 저자가 책에서 들려주는 내용을 통해 간접체험하고 자신이 겪고 있는 비슷한 문제를 해결하는 데 도움을 받는다. 평범한 작가의 이야기가 문제 해결의 실마리가 된다. 이 작가가 유명하거나 성공해서 책을 쓴 것은 아니다. 자신의 경험을 공유하고 같이 문제를 해결해보자는 의도로 책을 쓰게 된 것이다. 거창한 주제도 아니다. 일상에서 일어나는 소소하지만 그렇다고 결코 간과할 수 없는 주제다.

저자가 평범하고 다양해진 만큼 독자도 부담 없이 책에 다가갈 수 있다. 내용이 무거운 책도 있다. 난해한 책도 많다. 아무리 읽어도 사고의 수렁에 빠지게 만드는 책도 있다. 이런 책은 끝까지 보겠다는 오기를 부리지 말고 잠시 후퇴해도 무방하다. 본전 생각이 나더라도 과감하게 책꽂이 그냥 꽂아둬라. 지금은 나에게 맞지 않는 책이다. 독서력이 좋아진 다음에 다시 꺼내서 읽어도 된다.

책은 거창한 존재가 아니다. 내 삶을 행복하게 해주는 징검다리일 뿐이다. 독서에 대한 부담을 내려놓는 자세가 필요하다. '책을 읽어야 한다, 독서해야 성공한다.'라고 하니 내 마음이 급해진다. 설사 그게 사실이라 할지라도 독서에 대한 강박관념으로 살지는 말라. 남은 인생 동안 독서를 즐기면서 살려면 가볍고 만만하게 시작해야 한다. 가볍고 만만하게 시작해야만 '하루 한 권'의 욕심까지도 이어질 수 있다. 부담을 내려놓고 옆집 아저씨, 아주머니한테 인생 노하우를 듣는다는 생각으로 가볍고 만만하게 책을 대해보라.

'하루 한 권' 플러스 – 책과 친숙하면 책을 더 잘 읽는다

어렸을 때부터 책과 친숙한 아이들이 후에 책에 더 관심도 많고 제대로 읽을 줄 안다. 이를 기본으로 한 운동이 전 세계에서 시행되고 있다. 바로 북스타트 운동이다. 이 운동은 아이들에게 책을 제공하고 어렸을 때부터 친숙해질 수 있도록 한다.

책과 관련한 다큐멘터리 KBS 〈TV, 책을 말하다〉에서 버밍햄대학 교육학부 베리 웨이드 교수는 말했다. "북스타트를 한 아기들은 책을 제대로 들고 책장을 넘길 줄 알더군요. 책의 내용에 대해 말도 하고 즐깁니다. 집중해서 10분~15분 책을 보기도 합니다. 하지만 북스타트를 하지 않은 아기들은 책을 다루는 법조차 몰랐습니다. 집어던지고 거꾸로 들고 인쇄방향도 모르고 어쩔 줄을 몰라 하죠. 책에 대한 경험이 없어서입니다."

때와 장소를 가리지 말고 책을 펼쳐라

"독서하고 싶은 마음이 있으면 어디에서나 독서할 수 있다.
독서의 즐거움을 안다면 학교가 되었건 학교 밖이 되었건
어디서나 언제든 독서하게 된다.
세상에 학교가 없어도 독서할 줄 안다."

– 임어당

책을 읽는 데 시간과 공간의 문제는 없다

학창시절 시험 기간이 다가왔을 때다. 누구나 그렇듯 나도 부담을 느꼈다. 시험을 잘 봐야 한다는 생각으로 머리가 복잡했다. 최소한 이전 시험보다는 더 잘 봐야 한다고 생각했다. 평소에 더 열심히 공부했다면 덜 부담스러웠을 텐데…. 평소에 하지 않은 것을 후회해도 소용없다. 이쯤 되면 배운다는 생각보다 점수를 따야 한다는 생각으로 머리가 가득 찬다.

이런 시험 부담감은 공부에 집중하지 못하게 한다. 공부를 해야 한다고 결심하지만 마음뿐이다. 마음처럼 몸이 제대로 움직여주질 않는다. 평소에 안하던 방 청소를 한다. 그리고 그날따라 책상을 깔끔하게 치우고 싶어진다. 그리고 공부를 시작하려는데 이번에는 내가 좋아하는 펜이 없다. 펜이 없으면 왠지 공부에 집중할 수 없을 것 같다. 그래서 문방구에 간다. 이러다 보면 소중한 시간이 훌쩍 지나가버린다. 정작 해야 할 공부는 못하고 그날따라 다른 일만 실컷 하게 된다.

평범한 사람이라면 대부분 이런 경험을 해보았을 것이다. 시험 공부를 위해서 모든 여건이 딱 맞아 떨어지기를 바란다. 방도, 책상도, 펜도 제대로 구색을 맞추어야 공부를 시작할 수 있다고 생각한다. 그런 현상이 나타나는 것은 심리적인 부담감 때문이기도 하지만 자신의 고정관념 때문이다. 사실 방이 지저분해도, 책상이 더러워도, 내가 좋아하는 펜이 없어도 괜찮다. 공부하겠다는 간절하고 절박한 심정만 있으면 문제될 것은 아무것도 없다. 지저분한 방과 마음에 안 드는 책상 때문에 내일 당장 치러야 할 시험에 문제가 생기지는 않는다. 가장 중요한 것은 마음가짐이고 공부하려는 뇌의 상태다. 다른 것은 모두 부차적이다.

내가 책을 펼칠 때가 독서하기 가장 좋을 때다

독서도 마찬가지다. 사람들은 독서에 대한 고정관념을 가지고 있다.

장소가 나의 기분에 딱 맞아 떨어져야 독서가 잘 된다고 생각한다. 하지만 독서하기 딱 좋은 장소가 어디인가? 그런 장소는 없다. 시간을 낼 수 있는 곳이 최적의 독서 장소가 되는 것이다.

나는 독서 초창기에 독서 습관을 잡기 위해 노력했다. 조금씩이라도 매일 독서를 했다. 하루도 빠짐없이 하려고 애를 썼다. 하루라도 빠지면 마음이 느슨해질 것 같아서였다.

'어제도 못했는데 오늘까지만 쉬고 내일하자!'

유혹이 스멀스멀 피어날 수도 있다. 습관이 정착된 사람이면 과감히 물리칠 수 있지만 아닌 경우 유혹에 넘어간다. 마음을 단단히 잡으면 충분히 극복할 수 있다. 당신이 결정권을 가지고 있다는 걸 잊으면 안 된다. 나는 무사히 유혹을 물리치고 독서 습관을 잡았다. 독서 습관을 잡기 위해 읽는 장소를 따지지 않았다. 독서 습관 형성을 위해 최소 3주는 죽었다고 생각하고 해보자고 결심했다. 그때는 휴직 기간이었다. 아이 키우면서 집안 살림하면서 언제 독서를 할 수 있겠는가? 아이들이 5살, 3살이었다. 항상 아이 뒤를 졸졸 따라다녀야 한다. 그나마 어린이집에 보낸 뒤의 시간이 있었기에 한숨 돌릴 수 있었다.

하지만 습관 형성을 위해서는 하루도 빠지지 않는 것이 중요한데, 주말이 문제였다. 주말 시간은 아이가 일어나기 전 식탁에서, 아이와 놀이터에 나가서 아이가 미끄럼 타는 걸 보면서 책을 읽기도 했다. 아빠가 잠시 봐주면 놀이터 옆 벤치에서도 책을 보았다. 처음에는 좀 민망했다. 남들이 보면 유별나다고 생각할 것 같았다. 하지만 내 염려와 달리 남들은 나를 전혀 신경 쓰지 않았다. 혼자만의 생각일 뿐이었다.

그 후 나는 외출할 때는 항상 책을 챙겼다. 전혀 시간이 안날 것 같은 장소라도 반드시 시간은 나게 되어 있다. 그것을 경험으로 알게 되었다. 전혀 읽을 시간이 안 나올 것 같은 장소인 목욕탕 갈 때도 책을 챙긴다. 목욕탕에서 TV를 보는 사람이 있으니 난 책을 볼 수 있다고 생각했다. 실제 해보니 비록 잠깐이지만 몰래 먹는 곶감처럼 책 내용이 더 머리에 잘 들어오고 꿀맛이었다.

나는 이를 악물고 독서가 습관이 될 때까지 노력했다. 아무리 힘들어도 아침에 시간을 내서 책을 읽기 위해 노력했고, 일과 중에도 자투리 시간을 만들기 위해 애를 썼다. 그리고 결국 독서를 내 몸의 습관으로 만들었다. 이제는 이를 악물지 않아도 몸이 스스로 반응하고 뇌가 저절로 책을 받아들인다. 나도 모르게 새벽에 일어나 책을 펴고 있고, 일과 중에도 어느 순간 책이 손에 들려 있다. 습관이 되면 아무리 바빠도 자신의 여건에 맞는 독서 시간을 만들게 된다. 당신도 활용할 수 있는 시간대를 찾아보라. 아침 식사 전 시간, 지하철로 출근하는 시간, 업무 전

시간, 점심시간, 저녁 식사 후 시간, 취침 전 시간, 새벽 시간 등등 찾으려고만 한다면 의외로 풍부하고 다양한 시간을 찾을 수 있다. 안 하다가 하면 처음에는 독서가 익숙하지 않을 수도 있다. 하지만 5분이나 10분이라도 꾸준히 해보라. 독서는 습관이 되고, 습관은 점점 새로운 욕망으로 발전한다. 그리고 그 욕망은 스스로 시간을 더 확보하려고 애를 쓴다.

최고의 독서 장소는 전철과 병원!

외출했을 때 책 읽는 장소로 가장 좋은 곳은 전철 안이다. 하지만 사람들은 전철 안에서 책을 읽지 않는다. 스마트폰을 보거나 옆 사람과 이야기하거나 조는 사람들이 대부분이다. 나처럼 책을 읽는 사람은 전철 한 칸에 1~2명도 되지 않는다. 참 신기했다.

'내가 시대에 뒤떨어지는 건가?'

순간 혼란스럽기도 했다. 최근 나는 매주 토요일마다 책 쓰기 교실에 참여하기 위해 분당까지 전철을 타고 갔다. 시간은 2시간가량 걸렸다. 2시간이 힘들다고 생각하지 않았다. 오히려 나에게 책 읽는 시간 2시간이 주어진 것이라 생각했다. 전철 안은 사람들이 내리고 타는 어수선한 곳이지만 의외로 집중이 잘 된다. 약간의 소음은 사람의 뇌를 각성시키는 효과가 있다. 각성된 뇌는 나의 독서에 날개를 달아준다. 핵심 위주, 관심 위주로 책을 읽다 보면 1권을 읽기도 한다.

전철 안에서 책을 읽지 않는 사람들을 보면서 안타까웠다. 물론 스마트폰으로 전자책을 다운받아 보는 사람도 있을 것이다. 또 독서보다 더 중요한 일을 하고 있을 수도 있다. 나름 시간을 값지게 보내고 있다고 생각한다. 하지만 전철에서 혼자일 때 값진 시간을 보내는 최고의 방법은 독서다. 독서하다가 그 동안의 풀리지 않는 문제의 해답을 찾을 수도 있다. 독서가 현실의 실마리가 되는 것이다. 전철 안에서 독서로 인해 의외의 답을 찾고 기뻐할 기회를 가질 수 있다.

전철에서 하는 독서의 또 다른 장점은 시간이 금방 간다는 사실이다. 분당까지 가는 2시간은 길다. 그 긴 시간이 지루할 만하다. 수업이 토요일 오후 3시부터 6시까지이다 보니 몸도 피곤하다. 하지만 독서와 함께라면 즐겁다. 오늘은 전철에서 무슨 책을 읽을까? 집을 출발하기 전 설레기까지 한다. 읽기 위해 구매를 했지만 손도 못 댄 책의 가치를 발견해볼까? 아니면 어제 다 못 읽은 책을 마저 읽어볼까?

전철에 대한 이미지가 좋아진다. 독서를 하며 타고 가는 전철은 나에게 설레는 장소이다. 책 쓰기 과정이 끝나면 전철을 타는 시간도 줄어들 것이다. 물론 전철을 타겠지만 지금처럼 긴 시간이 되지는 않을 것이다. 하지만 토요일마다 나에게 주어지는 전철 안에서의 독서는 누구한테도 방해를 받지 않는 최고의 시간이었다. 당신에게 맞는 최적의 독서 공간을 찾아보기 바란다. 어디든 상관없다. 독서 습관은 물론 하루 한 권 독서도 쉽게 이루어질 것이다.

내가 독서하기에 찾은 또 다른 의외의 장소는 병원이다. 아이가 어리다 보니 소아과를 자주 찾는다. 소아과에서는 진료 전 대기 시간이 있다. 특히 겨울철 환절기에는 감기 걸린 아이들이 많다. 대기 시간만 1시간이다. 처음에는 아이를 빨리 병원에 데리고 가야 한다는 생각으로 헐레벌떡 아이 옷만 단단히 입히고 병원을 찾았다. 병원만 가면 우리 아이 진료를 바로 받을 수 있다고 생각했다. 병원에서 우리 아이를 위해 대기하고 있다고 생각했다. 내가 대기해야 하는데 병원이 대기하고 있다고 착각한 것이다. 1시간을 대기하고 어떨 때는 30분을 더 대기한 적도 있다. 그곳은 잘한다고 소문 듣고 찾아간 병원이었다.

1시간 30분 기다렸다가 진료한 이후에는 아무리 급해도 병원갈 때 책을 꼭 챙긴다. 아이 책까지 챙긴다. 그날은 병원 진료로 아이 몸도 챙기고 대기 시간 독서로 아이 두뇌까지 챙기게 된다. 시간도 지루하지 않으니 일거삼득이 된다.

토요일마다 나에게 주어지는 전철 안에서의 독서는
누구한테도 방해를 받지 않는 최고의 시간이었다.

책은 장소와 상관없이 볼 수 있다. 책을 보겠다고 스스로 결정하면 그 장소가 바로 책 읽는 장소가 된다. 책을 읽지 못할 장소는 없다는 것이다. 스스로 한계를 지우고 고정관념을 갖지 말아야 한다. 책은 집이나 도서관에서 조용한 시간에 기분도 좋아야만 읽을 수 있다고 사람들은 생각한다. '집이나 도서관에서'라는 장소에다가 시끄럽지 않고 조용해야 되고 거기에다 내 기분도 나쁘지 않아야 하는 세 가지 상황이 맞아떨어져야 한다는 것이다. 그런 삼박자가 맞아 떨어지는 상황이 당신의 하루에서 얼마나 되겠는가?

독서에 장소를 가리지 마라. 어느 곳에서나 읽을 수 있다. 책 읽을 장소가 따로 있는 게 아니다. "책 읽고자 하는 뜻이 진실하다면 장소는 문제될 게 없다." 읽고자 하는 마음이 중요하지 책 읽는 장소는 큰 의미가 없다. 어느 장소이든 당신의 의지와 책 한 권만 있다면 그곳이 바로 최고의 독서 공간이 될 것이다.

'하루 한 권' 플러스 – 집중력을 높이는 일상 소음, 백색 소음

소음 유형은 두 가지로 구분할 수 있다. 특정 음높이를 유지하는 '컬러 소음color noise'과 비교적 넓은 음폭의 '백색 소음white noise'이다. 백색 소음은 우리 주변이나 자연에서 쉽게 들을 수 있다. 파도 소리, 바람 소리, 카페에서 사람들이 이야기를 나누는 소리, 지하철 안의 일반 소음 등이다.

소음이지만 심리적으로는 특별히 의식하지 않고 듣게 되는 것이다. 오히려 늘 듣던 소리이기에 안정감을 준다는 연구 결과도 있다. 직장인의 업무효율도와 학생들의 학업집중력, 깊은 수면 등에 효과가 있다.

책 속의 책, 꼬리에 꼬리를 물고 읽어라

"참으로 책 속에 책이 있고, 책 밖에 책이 있다는 것을 알아야 한다."

– 정섭

다음 읽을 책은 지금 읽는 책 속에 있다

나는 어디를 가든지 책을 챙긴다. 전혀 읽을 기회가 없을지라도 책을 가지고 나간다. 책을 가지고 못갈 장소도 상황도 없다. 나의 분신처럼 책은 항상 나와 함께 한다. 이런 나를 아는 누군가는 이렇게 말한다.

"그렇게 책을 읽는데, 아직도 읽을 책이 있어?"

"책 읽기의 끝은 없나봐?"

사실 책은 읽으면 읽을수록 더 읽고 싶은 책이 많아지는 법이다. 학창 시절 공부를 열심히 하다 보면 더 많이 하면 할수록 하고 싶은 부분이 많아지는 것과 같은 이치다. 공부를 대충하거나 하지 않을 때는 관심도 덜하다. 하지만 조금 알게 되면 관심이 생기고 호기심도 늘어난다. 책도 마찬가지다.

내가 다음에 읽어야 할 책은 지금 읽고 있는 책이 알려준다. 하나의 책을 읽으면 그 책을 통해 다른 책을 알게 된다. 그러면 그 책을 다시 구매하거나 도서관에서 빌리게 된다. 그렇게 나의 수중에 들어온 책은 그 전에 읽은 책과 주로 비슷한 주제의 책일 가능성이 높다. 가끔은 내가 잘 읽지 않는 분야의 책일 수도 있다. 색다른 분야의 책일 경우 그 책으로 인해 의외의 지식을 습득할 수 있는 계기가 된다.

책이 알려주는 책은 나를 새로운 세계로 안내한다. 사람은 하던 대로 하기를 편안해한다. 무의식적으로 하던 스타일대로 하면서 살고 싶어 한다. 독서도 그렇다. 평소 자신이 관심 있는 분야나 주제만 읽게 된다. 또한 읽는 대로 영향을 받아 책에 나온 것을 근거로 생각하고 행동하게 된다. 간혹 편협한 사고로 치우친 행동을 할 때도 있다. 그렇기 때문에 많은 전문가들이 강조한다. 자신의 관심 분야나 주제를 가지고 있으되, 최대한 다방면으로 읽으라고 말한다.

책 속에는 왜 이렇게 많은 책을 소개할까? 책을 읽다 보면 많은 책이 소개되어 있어 참 신기했다. 책을 만드는 과정을 제대로 몰랐기 때문이다. 독자의 입장에서 책을 보았기 때문에 그 이유를 알지 못했다. 하지만 지금 책을 쓰면서 그 이유를 알게 되었다. 독자가 아닌 저자의 위치에서 그것을 보니 쉽게 이해가 간다.

책을 쓰는 것은 요리를 하는 것과 같다. 요리를 시작하기 전 무슨 요리를 할지 구상부터 한다. 어떤 요리를 할 것인지 정해지면 요리의 제목을 결정하고 필요한 식자재를 준비하게 된다. 필요한 식자재는 그 요리를 가장 맛있게 잘 만들 수 있는 재료로 준비하게 된다. 그리고 식자재를 사용해서 최고의 맛난 요리를 만들게 된다. 이런 과정처럼 책 쓰는 과정도 비슷하다. 요리의 제목은 책 제목이 되고, 식자재는 글감이나 다른 책이다. 글감이나 다른 책을 이용해서 최대한 멋진 책을 쓰기 위해 노력한다.

책에는 작가의 철학, 가치관, 생각뿐 아니라 그것을 뒷받침하는 다양한 사례와 스토리가 나온다. 사례와 스토리에는 자신의 이야기뿐 아니라 다른 책의 자료를 사용한다. 즉 다른 책에서 나오는 사례나 자료가 나의 꼭지에 맞는 경우, 그것을 인용하거나 각색해서 나의 책에 사용한다. 나의 생각과 경험만으로 책을 쓸 수도 있지만 다른 책의 자료들을 같이 이용하므로 더 퀄리티 높은 책이 만들어진다. 그러니 책 속에 다른 책이 나올 수밖에 없는 것이다.

꼬리에 꼬리를 물고, 릴레이 독서하라

책 속의 책이 내가 독서할 리스트가 된다. 하루에 수십, 수백 종의 신간이 쏟아져 나오고 1년이면 수만 권 이상의 새로운 책이 등장한다. 이런 상황에서 만약 책 속의 책이 없었다면 책을 고르는 데 많은 시간을 낭비했을 것이다. 아니 책을 고르다가 독서에 대한 흥미가 떨어졌을지도 모른다.

책에서 소개된 책이 있었기에 나는 쉬지 않고 매일 독서를 한다. 책에서 소개되는 책은 나에게 동기 부여가 된다. 독서에 대한 목표를 계속 이루게 하는 원동력이 된다. 책에서 책을 소개하지 않았다면 나의 의지와 열정은 쉽게 식었을지도 모른다. 하지만 관심 있는 책이나 내가 좋아하는 작가의 책에서 소개하는 책이 나의 의지와 열정을 되살려주어 연이어 읽게 한다.

나는 처음에 육아서부터 읽기 시작했다. 육아서의 콘셉트도 다양하게 나와 있다. 주제도 갖가지, 체험 위주의 책에서부터 전문가가 말하는 책까지 아주 다양했다. 책은 나의 시원한 해결사였다. 육아서 안에

책 속의 책이 나의 독서할 리스트가 된다.
하루에 수십, 수백 종의 신간이 쏟아져 나오고 1년이면
수만 권 이상의 새로운 책이 등장한다.

서 또 다른 육아서를 알게 되었다. 육아나 교육에 대한 새로운 지식 습득을 하는 릴레이 독서의 계기가 되었다.

육아서를 빌려서 쌓아놓고 읽는 나를 보고 "그렇게 육아 책을 많이 읽으니 책을 써도 되겠다."라면서 남편은 내게 책을 쓰라고 했다. 그렇게 말하는 남편은 이미 이순신 장군에 관련된 책을 쓴 상태였다. 『임진왜란과 이순신, 그 숨겨진 이야기』의 저자이다. 남편의 서재에는 이순신 장군에 관련된 책이 200~300권 정도는 꽂혀있다. 그것을 언제 다 사고 읽었는지 감탄할 뿐이다. 시중에 나와 있는 이순신 관련 도서는 거의 다 구매했다고 한다. 남편은 열정이 있었기에 스스로 이순신 책을 쓸 수 있었다고 이야기한다. 남편은 이순신 장군의 리더십이 궁금해서 읽다 보니 책까지 쓰게 된 것이다.

하지만 나는 육아서를 읽는 것이 육아에 대해 알기 위해 읽는 것이기 때문에 읽는 것만으로 충분하다고 생각했다. 하지만 역시 사람의 일이라는 것이 어떻게 될지 모르는 법이다. 한 치 앞을 알 수 없는 것이 인생이라더니 내가 지금 이렇게 책을 쓸 줄이야!

어떤 책을 읽을까 고민하지 마라. 일단 자기 관심 분야의 책을 한 권 구매하거나 준비하면 된다. 그 책이 다음에 읽어야 할 책을 친절하게 안내해준다. 이 사실을 처음에는 인지하지 못했다. 내가 읽을 책을 직접 정해야 한다고 생각했다. 하지만 지금까지 읽을 책을 미리 정한 적이 없다. 만약 리스트를 미리 정해두었다면 부담감만 느꼈을 것이다.

당신이 읽는 책에는 새로운 멋진 책이 소개되어 있다. 당신을 새로운 세계로 안내할 것이다. 새로운 깨달음을 얻을 수 있는 계기를 마련해주기도 한다. 책을 읽을 때 호기심과 관심을 가지고 좀 더 자세히 들여다봐라. 소개된 여러 권의 책 중에서 당신의 마음을 끄는 책들이 당신의 선택을 기다리고 있다. 책속의 책으로 멋진 릴레이 독서를 하라.

'하루 한 권' 플러스 – 스마트폰 앱을 사용하라

책 속의 책이 나오면 나는 스마트폰 독서 앱에 저장을 한다. 요즘은 다양한 앱들이 있다. 독서 관련 앱도 다양하게 나와 있다. 나는 '독서 다이어리'라는 앱을 깔아 놓았다. 내가 읽을 책을 '다음에 읽을 책' 목록에 저장해 둔다. 책 리스트를 올릴 수 있고 지금 내가 읽는 책도 표지 사진과 함께 올려놓을 수 있다. 책의 전체 장수를 입력하고 내가 오늘 읽은 장을 입력해 두면 그 책의 몇 퍼센트를 읽었는지 자동으로 표시가 된다. 또한 책 속에서 감동을 준 문구를 입력할 수도 있다.

1주제 20권 독서로 데이터를 쌓아라

"벌이 달콤한 꿀을 위해 수많은 꽃을 찾아다니듯,
사람은 진리를 밝히기 위해 수많은 책을 읽는다."

– 중국 속담

무턱대고 베스트셀러를 읽지 마라

독서를 결심하고 처음 시작하는 사람은 주로 베스트셀러를 찾아서 읽는다. 책의 선택부터 쉽지 않으니 온라인 서점 베스트 코너를 통해 읽을 책을 고른다. 그 다음 책도 같은 방식대로 선택해서 읽는다.

베스트셀러는 우리나라 일반인이 가장 많이 구매한 책을 의미한다. 많은 사람들이 선택한 책이기에 실패할 가능성이 적기는 하지만 자주 실망스러운 책을 만나기도 한다. 이런 현상은 베스트셀러가 발 빠르게 움직인 출판사의 마케팅의 영향으로 결정되기 때문이기도 하다. 그래서 1년 이상 꾸준히 판매되는 베스트셀러도 있지만 3~4개월 만에 사라지는 베스트셀러도 많다.

그러므로 일시적 유행으로 반짝 베스트셀러가 되고 끝나는 책보다는 자신의 관심에 따라 책을 선택해서 읽는 것이 좋다. 직장 생활, 가정생활 등 여러 역할을 하면서 살다 보면 해결해야 할 문제나 관심 주제가 생긴다. 이런 주제를 먼저 선택해서 정해라. 그리고 여러 권을 읽어라. 지식과 지혜가 쌓이면서 그 주제에 대한 통찰력이 생기게 된다.

모티머 J. 애들러가 강조한 신 토피칼Syn topical독서가 있다. 글자 뜻 그대로 해석하면 된다.

신 Syn – 동시에
토피칼 Topical – 주제의

즉 같은 주제를 가진 여러 권의 책을 비교하며 읽고 연관지어 스스로 종합적인 문제해결 방법을 찾아 나가는 독서법이다. 애들러는 신 토피칼 독서를 가장 적극적인 독서법이면서 가장 많은 결실을 얻을 수 있는 독서 방법으로, 힘들여 배울 만한 가치가 있다고 말한다. '신 토피칼 독서'는 집중적이고 상당한 시간과 노력이 투입되는 가장 높은 수준의 독서법이다.

이렇게 한 가지 관심 주제를 찾아서 같은 주제로 여러 권의 책을 읽는 것은 뇌를 변화시키는 가장 좋은 방법이다. 그 주제에 대한 신경회로를 탄탄하고 굵게 만드는 방법이다. 우리가 시험 공부를 할 때 반복 학습하듯이 같은 주제로 여러 권을 읽다 보면 그 주제에 대해 반복 학습하는 효과가 나타난다. 일정한 시간 동안 적어도 20권 이상 독서를 하게 되면 뇌에 그 키워드에 대한 데이터베이스가 쌓이면서 지식의 융합 작용이 일어나고 문제 해결 능력도 좋아진다.

독서 초창기라도 베스트셀러보다 관심 영역을 찾아 읽는 것이 좋다. 물론 책을 선택하는 일이 쉽지 않기 때문에 베스트셀러를 고르게 된다. 하지만 베스트셀러는 주제가 다양하고 유행을 탄다. 베스트셀러만 읽으면 읽는 주제의 연관성이나 맥락이 약해 반복 효과의 기쁨을 느끼기 힘들다. 또한 유행에 맞춘 독서가 되면 단편적인 잔상 위주로 남는다. 독서 초보일지라도 베스트셀러보다 자신의 내면을 들여다보고 자신의 관심 영역을 찾아서 여러 권을 집중적으로 읽는 것이 훨씬 효과적이다.

처음에는 자신의 관심 영역을 못 찾더라도 괜찮다. 독서를 하게 되면 관심 주제가 자연스럽게 생긴다. 주제도 다양해진다. 나도 대학 때는 베스트셀러에 관심이 많았고 어떤 책이 1위, 2위를 다투는지 훤하게 알고 있었다. 하지만 시간이 지나자 점점 내가 읽고 싶은 주제가 생기면서 그 주제로 관심이 집중되었다.

같은 주제의 책을 여러 권 읽으면 뇌가 잘 기억한다

나는 초창기 독서를 시작할 때 과거에 읽던 습관대로 읽었다. 한 자 한 자 책에 나온 글자는 하나라도 놓치지 않았다. 그리고 한 번 시작하면 끝까지 읽는 방법을 사용했다. 그런데 한 자도 빠짐없이 읽어도 책을 덮고 나면 하나도 생각이 안 났다.

'나는 왜 이렇지?'
'금방 읽은 내용도 왜 기억이 안 나지?'
'나는 바보인가?'

심한 자책도 했다. 그래도 읽는 동안에는 뭔가 머리에 들어오는 것 같아 그 만족감 때문에 계속 읽었다. 그러면서 읽어도 덮으면 기억이 안 나는 일을 반복했다. 이것은 핵심 위주로 인지하는 뇌의 작동 원리에 맞지 않는 방법이다. 그렇게 하다 보면 쉽게 피곤해진다. 한 권 읽는 데 너무 고생스러워진다. 그 다음부터는 책을 잡기가 싫어진다. 그러다 보면 독서는 반년에 한 권, 1년에 한 권으로 자신의 삶과 멀어진다.

나는 40세가 넘어 독서의 매력에 빠지게 되었다. 물론 그 계기가 된 것은 육아다. 육아서를 읽으면서 육아가 좀 더 쉬워졌고 자신감이 생겼다. 언제 어디에서나 책을 통해 궁금한 점에 도움을 받을 수 있었다. 책은 수시로 발생하는 의문에 즉각적인 해답을 주었다. 내 옆에 언제나 가까이 있는 책이 때로는 가족보다 고마웠고 남편보다 감사했다.

육아서를 읽으면서 반드시 기억해야겠다고 생각하며 읽지는 않았다. 기억이라는 의도 없이 읽었다. 하지만 간절한 마음에서인지 쉽게 책의 해법들이 기억되었다. 육아에 관련된 책을 다량으로 읽다 보니 내용이 중복되는 것이 있어 자연스럽게 반복의 효과가 생겼다. 특히 육아의 핵심 부분은 대부분 중복되는 내용이 많았다. 전부는 기억을 못하지만 그래도 중요한 것, 내가 필요한 것은 나의 뇌에 기억되었다.

그렇다면 어떤 원리에 의해 기억이 될까? 나는 내가 의도하지 않았어도 육아에 대한 많은 부분을 기억했다. 물론 3~4년이 지난 지금은 많은 것을 잊어 버렸어도, 그 당시에는 필요한 대부분을 기억했고 잘 활용했다. 의도하지 않고도 기억할 수 있다. 오히려 머리에 기억하려고 하면 공부하는 느낌이 들어 독서가 부담이 된다. 마음을 추슬러 독서를 하더라도 한 자 한 자 놓치지 않고 억지로 뇌에 입력하는 즐겁지 않은 독서를 할 것이다. 그래서 나는 그 당시 나의 독서법을 다시 한 번 되새겨 보면서 자연스럽게 기억되는 독서법의 실마리를 찾아보고자 한다.

『1년에 500권 마법의 책 읽기』의 저자 소노 요시히로는 "기억의 핵심은 복습과 출력이다."라고 한다.

"도쿄대학교 이케가야 유지의 『해마』에 따르면, 새로운 지식은 한 달 이내에 복습하지 않으면 기억에서 사라진다고 한다. 새로운 기억은 한 번 뇌의 해마단기 기억을 관장하는 뇌의 부분에 입력되면 정리된 후 대뇌피질대뇌 반구의 표면을 덮고 있는 회색질의 얇은 층에 저장된다. 이때 해마는 입력된 새로운 기억 중에서 필요한 것뇌가 중요하다고 판단 한 것만을 대뇌피질로 보낸다. 즉 해마에서 '중요하다'고 판단하지 않으면 그 정보는 버려지게 된다." –『1년에 500권 마법의 책 읽기』, 소노 요시히로

독일의 심리학자 헤르만 에빙하우스는 외운 것도 시간의 경과에 따라 잊어버리고 만다는 '망각곡선'을 고안했다. 한 번 외운 것은 이틀 안에 70~80%를 잊어버린다. 그러나 반복해서 복습하면 잊어버리는 속도가 느려진다. 복습을 반복하면 뇌는 '이 단어는 중요하니 떠올릴 수 있게 하자.'라고 판단하게 된다. 그렇게 외운 것은 잘 잊어버리지 않는다.

이론은 형식 지식이라 할 수 있고 실습은 경험 지식이라 할 수 있다.
이 두 지식이 서로 병행될 때 기억이 오래간다.

나의 육아서 읽는 법은 기억 이론에 적합한 부분이 있었다. 같은 주제로 다량의 책을 읽었다는 것이다. 바쁜 시간을 나에게 가장 중요한 문제에 집중하기 위해서였다. 이것은 한 권이 아니라 여러 다른 책을 읽으면서 반복 복습한 효과를 만들었다. 육아의 중심이 되는 정보를 계속 반복해서 읽었던 것이다. 한 달에 4번 반복하면 해마의 정보가 대뇌피질로 가서 장기 기억이 된다. 나는 제목이 다른 육아서를 매일 읽어서 한 달에 최소 10번 이상 반복한 셈이다. 그렇게 해서 많은 육아 정보가 장기 기억으로 저장되었다.

반복해서 읽고 또 읽은 해법을 육아에 활용하면서 기억이 더욱 단단해졌다. 쉽게 말해서 이론과 실습을 동시하는 것이다. 주로 이론은 형식 지식이라 할 수 있고 실습은 경험 지식이라 할 수 있다. 이 두 지식이 서로 병행될 때 기억이 오래간다.

20권 책으로 데이터베이스를 찾고 문제를 돌파하라

나는 아이들의 정서 발달과 뇌 발달에 관심이 있어서 그와 관련된 주제의 책을 집중적으로 봤다. 최소 20권 이상은 보았다. 같은 주제의 책을 여러 권 찾아 읽는 것이 중요하다.

내가 이렇게 같은 주제로 20권씩 읽은 이유는 한 권의 책은 한 사람이 만든 것이기에 정서 발달이나 뇌 발달 모든 영역을 다 다룰 수 없기 때문이었다. 작가들은 자신이 체험하고 있는 부분을 위주로 콘텐츠를 만든다. 한 사람이 세상 모든 경험을 할 수 없듯이 책도 마찬가지인 것이다. 한 권의 책이 모든 영역을 커버할 수 없다. 거기에다가 핵심 내용이 보통 책 한 권에 10~20%라고 한다. 나머지는 핵심 내용의 이해를 돕기 위해서 설명하는 부가적인 부분이라는 것이다. 그러니 여러 권을 읽고 내가 궁금해 하는 부분의 내용을 퍼즐 조각을 맞추듯이 통합할 수 있다.

예를 들어 정서 발달이나 뇌 발달 관련된 내용이 한 책에서 핵심 부분이 10%라고 한다면 최소 10권은 읽어야 100%가 된다. 하지만 책이라는 것이 다른 사람의 책도 참고해서 쓰다 보니 중복되는 부분이 있게 된다. 그러니 최소 20권은 읽어야 내가 궁금해 하는 내용의 100%에 근접하게 된다.

한 분야의 책을 여러 권 읽다 보면 기존 지식이 빨리 쌓이면서 책 읽는 속도와 독해력, 이해력, 사고력이 좋아진다. 통장에 돈 모이듯이 나의 뇌에 그 주제에 대한 정보와 지식이 차곡차곡 쌓이는 재미를 알게 된다. 독서의 재미로 같은 주제의 다른 책을 계속 읽게 된다. 책 한 권에 나에게 유익한 한 가지의 정보와 깨달음으로도 유레카를 외치면서 하루 한 권 독서도 가능하게 된다.

앞서 언급한 대로 책을 선택할 때 유행을 타는 주제보다 자기가 필요한 관심 주제를 정하고 책을 골라야 한다. 나는 독서의 시작부터 그렇게 연습할 것을 강조한다. 독서 초보자일수록 베스트셀러 여러 권보다 자신 문제와 관심에 따른 한 권의 독서를 해야 한다. 이 한 권이 비슷한 주제의 책 여러 권을 읽게 한다. 초보 때 관심을 가진 주제로 여러 권 읽는 것은 독서의 즐거움을 알게 한다. 그것은 독서가 생활의 일부로 정착하게 하는 최고의 방법이다. 나는 집중적인 육아서 읽기로 독서의 유익함과 즐거움을 알게 되었다.

지금은 육아 외에 교육, 뇌, 독서법, 책 쓰기, 등 다양한 주제로 매일 독서하는 생활을 하게 되었다. 당신도 이 방법을 사용하길 추천한다. 당신의 관심 주제로 최소 20권 이상 읽어라. 그러면 자연스럽게 하루 한 권 독서도 가능한 혁신적인 변화가 찾아올 것이다. 또한 변화된 의식으로 새로운 삶을 살게 될 것이다.

'하루 한 권' 플러스 – 에빙하우스 망각곡선

에빙하우스 망각곡선에 따르면, 같은 횟수일 경우에 '한 번 종합하여 반복하는 것'보다 '일정 시간 간격을 두고 분산 반복하는 것'이 더 기억에 효과적이다.

에빙하우스는 학습 후 10분 뒤부터 바로 망각이 시작되며 1시간 후에는 50%, 하루 뒤에는 70%, 한 달 뒤에는 80%를 망각한다고 주장했다. 완전한 기억을 위해서는 '한 번 꼼꼼하게 모두 읽기'보다 '여러 번 가볍게 읽기'가 더 중요하다.

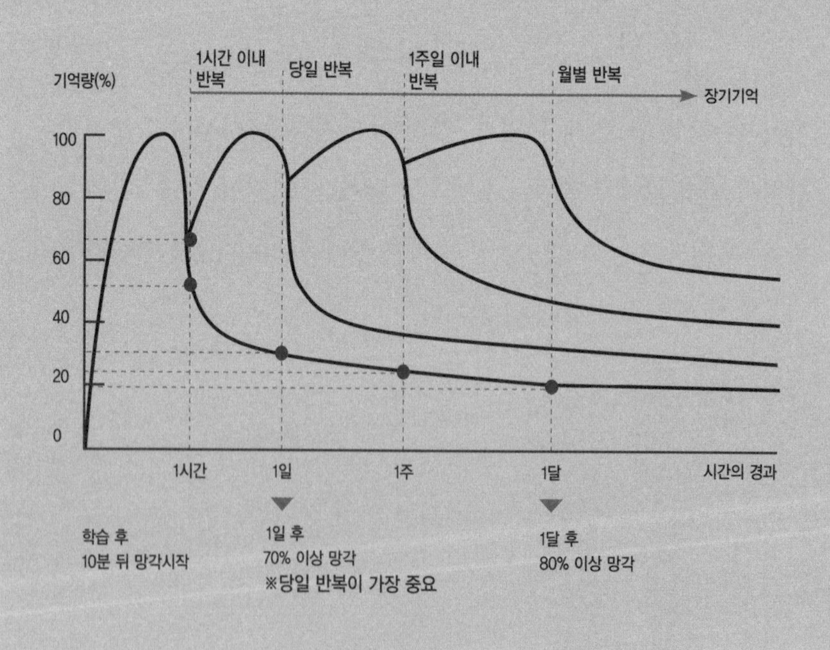

'하루 한 권' 플러스 – 신 토피칼 독서

모티머 J. 애들러와 밴 도렌이 함께 쓴 『독서의 기술How To Read A Book』에 신 토피칼 독서에 대해 자세한 내용이 나와 있다. 신 토피칼 독서는 엄밀히 말하면 가장 높은 수준의 독서이다. 1수준의 독서는 어린 아이가 제대로 책을 읽을 수 있도록 하는 준비를 하는 시기이다. 2수준의 독서는 점검 독서이다. 처음부터 끝까지 읽지 않고 목차나 전체적인 개괄 내용을 통해 책 전체를 '점검'하듯 읽는 것이다. 3수준의 독서는 분석 독서이다. 특히 교양도서를 읽을 때 좋다. 책을 읽고 분석 · 비평하고, 저자의 문제의식까지 읽는 독서이다. 마지막 4수준의 독서가 신 토피칼 독서이다. 같은 주제의 여러 책을 읽으며 종합적으로 문제를 도출하고 해결해 나가는 것이다. 다음은 신 토피칼 독서의 5단계이다.

1단계: 주제와 관련된 책에서 자신이 알고 싶은 밀접한 부분을 찾아낸다.
2단계: 각각의 책들에서 찾은 키워드를 각 책의 저자들이 어떤 의미로 사용했는지 본다.
3단계: 질문과 논점을 명확히 한다. 그리고 무엇을 말하는가에 대해 파악한다.
4단계: 저자들이 주제에 대해 어떤 식으로 말하고 있는지 파악한다.
5단계: 찾아낸 내용들의 진실성과 의미성을 점검한다.

5장

하루 한 권 독서가 만드는 조용하지만 커다란 혁명

"독서의 처음에는 의문이 생기는지 알지 못한다.
조금 지나면 점차 의문이 생긴다. 중간쯤 가면 곳곳에서
의문이 생긴다. 이런 과정을 한바탕 치르고 나면
모든 것이 한데 모여 하나로 관통하게 되고 모든 의심이 없어진다."
– 벨 훅스

'하루 한 권'으로 얻은 효과

"나는 삶을 변화시키는 아이디어를 항상 책에서 얻었다."

– 벨 훅스

핵심 · 키워드 · 관심 위주의 하루 한 권 독서

독서에 대해서 부정적인 표현을 하는 사람들이 생각보다 많다.

"독서하기는 힘들어요. 시간이 지나도 읽는 게 익숙하지 않아요."

"난 공부할 때 질려서 더 이상 책은 보고 싶지 않아요."

"책 많이 읽는 사람은 사회생활을 잘 못해요."

대한민국 성인의 월평균 독서량이 0.8권이라 한다. 0.8권이면 1권이 채 안 된다는 말이다. 대한민국은 점점 독서를 멀리 하고 있다. 그래도 과거에는 전철을 타면 책 읽는 사람을 더러 볼 수 있었지만 지금은 거의 없다. 손에는 책 대신 스마트폰을 들고 보는 사람이 대부분이다. 작은 PC인 스마트폰이 대중화되면서 책은 아예 밀려나고 말았다. 물론 스마트폰으로 전자책을 읽는 사람도 있겠지만 극히 예외적이다.

책을 읽지 않는 여러 가지 이유 중 하나는 책에 대한 부담감 때문이다. SNS, 웹 뉴스, 메일 등은 빠른 속도로 읽는다. 메일에는 답장까지 달고 있다. 하지만 책을 읽는 데에는 부담을 느낀다. 페이지가 많기도 하지만 무엇보다 책은 온라인의 글을 읽듯이 읽어서는 안 된다는 선입견이 있다. 빠르게 읽으면 안 된다고 여긴다. 왜 온라인의 글처럼 핵심 위주로 빠르게 읽고 중요 부분을 중점적으로 재독하면 안 된다고 생각하는가?

많은 사람이 책에 대한 완고한 태도를 가지고 있다. 꼭꼭 씹어 먹어야 하는 음식처럼 책도 천천히 읽어야 한다고 생각한다. 그런 사고와 태도로부터 벗어나지 않는 한 책 읽기의 스트레스에서 벗어나기가 쉽지 않다. 그리고 "정말 살기 위해 책을 읽었어.", "인생의 돌파구를 책에서 찾았어." 등 특별한 계기가 있지 않고는 책과 친해지기 쉽지 않다. 꼼꼼하게 읽어야 한다는 생각은 스스로 만들어낸 족쇄에 불과하다.

나는 육아서로 독서를 시작했지만, 이후 다른 주제까지 관심을 가지게 되었다. 하지만 육아서만큼 읽기가 쉽지 않았다. 읽기가 어려우니 점점 부담스러워졌다. 그래서 독서법 책을 여러 권 찾아 읽었다. 그 후 읽기 방법에는 꼭 속독 기술이 아니라도 다양한 방법이 있음을 알게 됐다. 그래서 독서 방법을 바꿨다. 처음부터 끝까지 하나도 빠짐없이 같은 속도로 읽던 기존의 방식에서 탈피하였다. 핵심 위주, 키워드 위주, 나의 관심 영역 위주로 읽기 시작했다. 그리고 현재는 하루 한 권 독서법으로 읽고 있다.

하루 한 권 읽고 나서야 알게 된 것들

나는 하루 한 권 독서법을 실천하면서 여러 가지 긍정적인 효과를 체험했다. 하루 한 권 독서는 꿈도 꾸지 않았는데 막상 해보니 잃는 것보다 얻는 것이 훨씬 많았다.

첫째, 하루 한 권 독서법을 하게 되면 핵심을 찾아서 읽는 독서 능력이 발달하게 된다. 우리가 어떤 시간의 한계가 있는 일을 할 때를 생각해보자. 데드라인이 있는 일은 어떻게 해서든지 자신의 잠재 능력을 최대한 발휘해서 그 기한 내에 이루어 낸다. 그것이 바로 데드라인 효과인데 하루 한 권이라는 것이 데드라인이 되어 데드라인 효과를 발생시킨다. 그래서 그 책에서 가장 중요한 핵심 위주의 독서를 하게 된다.

둘째, 자연스러운 핵심 위주의 독서로 더 많은 것을 기억하게 된다. 여기서 말하는 핵심 위주 읽기는 핵심만 골라 읽는 것이 아니라 나의 판단으로 핵심인 부분과 핵심이 아닌 부분의 읽는 속도를 달리한다는 의미이다. 즉 핵심이 아닌 부분은 속도를 빨리 읽고 핵심 부분은 좀 더 완만한 속도로 읽는 것으로 완급을 조절하면서 읽는 것이다.

핵심 부분은 느린 속도로 집중해서 읽기 때문에 기억에도 많이 남게 된다. 보통 사람들은 처음부터 끝까지 시종일관 같은 속도로 꼼꼼히 읽으면 기억에도 도움이 되리라 생각한다. 하지만 그렇게 읽었기 때문에 더 기억에 안 남는다는 사실을 모른다. 기억에는 횟수가 중요하다. 꼼꼼히 읽어도 한 번 읽은 것이기 때문에 뇌는 중요한 정보라고 생각하지 않는다. 엉성하게라도 여러 번 읽으면 뇌는 '아! 기억해야 할 부분! 중요한 부분!'이라고 기억을 위한 작업을 한다. 즉, 단기 기억에서 장기 기억으로 보내 책을 덮고 난 후에도 기억하게 된다. 이런 면에서는 핵심 위주 하루 한 권 독서는 핵심 위주, 필요 위주로 선택해서 읽다 보니 집중도 잘되고 반복할 기회도 많아지게 된다. 그러므로 자연히 기억이 잘되게 된다.

핵심 위주 읽기는 핵심만 골라 읽는 것이 아니라
나의 판단으로 핵심인 부분과 핵심이 아닌 부분의 읽는 속도를
달리한다는 의미이다.

셋째, 책 읽기에 대한 부담이 줄어든다. 가장 중요한 효과다. 우리가 책 읽기 부담을 느끼는 이유가 무엇인가? 자신이 의식 못할 수도 있지만 가장 근본적인 이유는 처음부터 끝까지 꼼꼼하게 읽어야 한다는 무의식적인 강박관념 때문이다. 물론 사람에 따라 다를 수 있겠지만 이런 강박관념을 많은 사람들이 가지고 있다. 정도의 차이가 있을 뿐이다. 책 읽는 방법에 대한 고집스런 이런 태도가 책을 더 읽지 못하게 한다. 읽더라도 월중행사나 분기행사, 연례행사처럼 하게 된다.

넷째, 책 읽는 것이 숨 쉬듯이, 밥 먹듯이 나의 일상이 된다. 부담스러운 감정이 발동하면, 일단은 멀리하고 싶어지지만 하루 한 권 읽으면 이런 부담감이 없어지기에 책 읽는 것이 특별한 것도 아니라 여겨진다. 매일 새로운 책으로 책을 만만하게 대한다. 책을 가까이 두고 틈날 때마다, 아무 때나 쉽게 책을 잡는다.

꼼꼼하게 읽을 때는 한 권 읽는 데 열심히 읽어도 3~4일은 걸린다. 하지만 핵심 위주로 혹은 자신의 필요한 부분 중심으로 1~3시간 만에 읽으면 많은 책을 읽을 수 있어 책 읽기에 자신감이 생긴다. 그리고 독서 분야가 계속 확장된다. 물론 처음부터 잘 되지는 않는다. 시행착오가 필요하다. 중요한 것은 불편한 마음이 있더라도 무조건 하루가 지나면 다음 책으로 넘어가는 것이다. 하루 한 권 읽기가 습관이 될 때까지 그렇게 읽어보라. 모든 책을 이 방법으로 읽는 것은 아니다. 천천히 꼼꼼히 읽어야 할 고전이나 문학서는 제외한다. 핵심 위주의 하루 한 권 독서법은 주로 자기계발서나 경영서 읽기에 적용하기에 좋다.

마지막으로, 다양한 분야와 주제의 책을 읽기가 더 쉬워진다. 책 읽는 것이 부담스럽지 않은 하루 한 권 독서법은 다양한 것을 접하는 데도 부담이 덜 된다. 과거에 나는 관심 있는 분야의 책만 읽었다. 대학 때는 소설만 읽었고 한 때는 자기계발서만 읽었다. 한 권의 책을 읽기도 힘들었기 때문이다. 독서 시간은 한정되어 있기에 이왕이면 내가 좋아하는 책, 읽고 싶은 책 위주로 읽었다. 하지만 한 종류의 책을 읽다 보면 책의 영향을 받아 편협한 사고를 할 수 있다. 그렇기 때문에 다양한 책을 읽으라고 한다.

이런 상황에서 핵심 위주의 독서는 자기가 모르는 분야일지라도 짧은 시간으로 책을 읽어낼 수 있다. 한 번 훑어 읽고 2차, 3차 선택하고 집중해서 단시간에 핵심 위주로 읽는다. 이런 읽기는 읽는 것에 자신감을 안겨주고, 그 자신감은 다양한 주제의 독서 생활에 많은 도움이 된다.

'하루 한 권' 독서를 하는 자신을 상상하라

하루 한 권 읽고 나서야 알게 된 것들이 너무나 많다. 우선은 하루 한 권 독서도 충분히 가능하다는 것이다. 그동안 의심했기 때문에 실현하지 못했을 뿐이었다. 하루 한 권도 다른 읽기방법처럼 하나의 읽기 방법으로 인지하고 연습하면 일주일 한 권, 한 달 한 권, 6개월에 한 권보다 더 많은 긍정적 효과를 얻을 수 있다.

책이 없는 삶보다 책이 있는 삶이 행복하다. 지식을 얻기 위해서 스트레스 받으면서 읽는 독서가 아니라 읽는 자체가 즐거움이 되어야 한다. 그러면 지식과 깨달음, 무한한 잠재능력 발휘는 자연스럽게 따라온다.

지금 나는 핵심 위주 하루 한 권 독서법을 통해 읽기에 대한 부담감을 줄이고 즐겁게 매일 신문 보듯 새로운 책을 읽고 있다. 매일 새로운 책으로 어제와 다른 나를 만든다. 빨리 읽는 것에 대한 나쁜 편견을 버려라. 의심하지 말고 도전해보길 바란다. 그래서 이렇게 하루 한 권 읽고 알게 된 것들을 당신도 알게 되고 실천하기를 간절히 기원한다.

'하루 한 권' 플러스 – 하루 한 권 독서로 내가 얻게 된 것

1. 핵심을 찾아서 읽는 독서 능력이 발달하게 된다.
2. 더 많은 것을 기억하게 된다.
3. 책 읽기에 대한 부담이 줄어든다.
4. 책 읽기가 나의 일상이 된다.
5. 다양한 분야와 주제의 책을 읽기가 쉬워진다.

핵심을 읽는 독서가 편하고 즐겁다

"책에 나온 내용을 다 믿는 것은 책이 없는 것만 못하다."

– 맹자

독서가 재미없다면 재미있는 부분만 읽어라

우리나라 국민의 독서량은 OECD 국가 중 최하위권이다. 구체적 통계를 보면 청소년을 포함한 전 국민의 한 달 독서량은 1.3권 수준이다. 성인은 35%가 1년에 단 한 권의 책도 읽지 않는다고 한다. 이에 비해 미국은 1인당 한 달에 6.6권, 일본 6.1권, 프랑스 5.9권, 중국 2.6권의 독서량을 가지고 있다. 선진국일수록 독서량이 많은데 우리나라의 독서의 현주소는 미약하다.

이런 결과가 나오는 이유는 무엇일까? 여러 가지 이유가 있겠지만 가장 중요한 이유는 독서를 즐기지 못하기 때문이다. 즐겁다면 아무리 시간이 없어도 한다. 시간이 없다는 바쁜 직장인들도 스마트폰은 즐긴다. 화장실에 갈 때도 가지고 간다. TV도 하루에 2시간 이상 본다. 대부분의 사람들이 독서를 못하는 이유로 많이 드는 부족한 시간은 외적인 이유일 뿐이다. 독서 못 하는 좀 더 근본적인 이유를 찾다보면 책을 즐기지 못하는 자신의 모습을 볼 수 있다.

나는 공부할 때 책을 처음부터 끝까지 보는 습성을 가지고 있다. 나의 인생을 돌아보았을 때 나의 인생을 바꾼 큰 시험이 두 번 있었다. 재수할 때와 보건교사 임용고시 시험을 볼 때이다. 재수는 가정형편상 할 상황이 아니었지만 그때 언니가 간호사로 서울 모 대학 병원에 갓 취직을 했었다. 취직 직후 언니는 기숙사 생활을 했지만 결혼을 하면서 기숙사를 나오고 집을 얻었다. 난 언니 신혼집에서 같이 살 수 있게 되었다. 언니 집 개포동에서 노량진 단과 학원까지 매일 버스를 타고 다녔다. 1시간 이상 되는 거리를 즐거운 마음으로 다녔다. 버스 안에서도 공부하는 교재를 꼼꼼히 읽었다.

나는 4년제 대학에 꼭 가야겠다고 결심했다. 어렵게 공부하는 상황이었기에 꼭 나의 목표를 이루고 싶었다. 그러나 공부는 쉽지 않았다. 교과서를 완벽히 내 것으로 만들어야 한다는 생각에 진도는 잘 나가지 않았다. 앞 페이지를 반복해서 봤다. 기억에 대한 확신이 없어서 봤던 곳을 또 보게 됐다. 공부의 속도는 더욱 더디었다. 꼼꼼히 계속 반복해서 보는 공부가 재미없고 지루해서 너무나 힘들었다. 그래도 다행스럽게도 운이 좋아 나는 원하는 대학에 들어갈 수 있었다.

그리고 간호사관학교를 졸업하고 의무복무 6년을 마치고 34살에 전역을 했다. 전역 후 무엇을 할까 고심하다 결국 보건교사 임용시험을 보기로 결심했다. 재수할 때 공부가 힘들었던 것이 생각이 났지만 다른 선택이 없었다. 노량진 학원가를 다시 찾았다. 15년의 시간이 흘렀지만 노량진 학원가는 특별히 달라지지 않았다. 학원 주변이 정비되어 깨끗해진 정도 외에는 넘쳐나는 사람들은 여전했다. 아니 사람들이 더 많아졌다.

임용시험 학원을 찾아 교재를 보니 전공은 충분히 혼자서도 할 수 있을 것 같아서 학원 등록을 하지 않았다. 교육학만 등록했다. 전공 교재는 정말 학교 때 배운 내용 그대로였다. 자신감을 가지고 도서관을 다니면서 공부를 시작했다. 물론 재수할 때 공부법대로 처음부터 꼼꼼하게 한 자도 빠짐없이 읽어나갔다.

내가 중심이 되어 아는 것은 빠르게 읽으면서 넘어갔다.
모르는 것을 선택해서 집중하여 읽으니 기억도 잘 되고
성취감도 느껴 공부하는 재미가 생겼다.

이해가 가지 않으면 다시 앞으로 가서 읽고, 반복해서 읽었다. 반복해서 읽는다고 다 기억이 나지도 않았다. 기준이 내가 아니라 교재이다 보니 자꾸 잊어버리는 것이다. 재수할 때의 악몽이 다시 이어졌다. 잘하는 것보다 즐기는 사람을 따를 수 없다고 한다. 아무리 공부이지만 공부도 즐기면서 하고 싶다는 열망이 커졌다.

내가 주체가 되어 읽으면 독서가 즐겁다

새로운 공부법을 시험해보기로 했다. 공부를 위해 읽는 방법을 바꾸어 보기로 했다. 전공 책을 책상에 펼쳐놓고 나는 새로운 결심을 했다.

'오늘은 전공 책 2권을 훑어보는 것만 하자.'
'내가 생각하는 중요한 부분 위주로 가볍게 시작해보자.'

여유롭게 시작하기로 했다. 교재가 중심이 아니라 내가 주인공이 되어 책을 읽는 것이다. 내가 중심이 되어 아는 것은 빠르게 읽으면서 넘어갔다. 모르는 것을 선택해서 집중하여 읽으니 기억도 잘 되고 성취감도 느껴 공부하는 재미가 생겼다. 임용고시에서 좋은 결과를 얻었음은 물론이다.

사람이란 존재가 그렇다. 자신의 존재감을 느끼지 못하는 곳에서는 어느 곳에서도 재미를 느끼지 못한다. 관심, 호기심, 생각을 가지는 분야에서는 자연스럽게 열중한다. 스스로 동기 부여가 되고 자신이 주체가 된 활동에서는 일단 재미있고 즐겁기 때문에 집중하게 된다. 결과도 좋게 나온다. 이런 현상은 읽기에도 그대로 나타난다.

책을 읽는 때 나는 먼저 전체를 가볍게 한번 훑어본다. 그리고 내가 필요한 부분과 중요하다고 생각하는 부분 위주로 읽는다. 나의 생각을 중심에 두고 핵심을 고른다. 한편 저자가 강조하는 핵심 내용이 있다. 저자가 책에서 말하고 싶은 핵심을 판단해야 한다. 내가 고른 핵심과 저자가 강조하는 핵심을 생각하면서 읽으면 제대로 책을 읽는 것이다.

핵심 위주의 책 읽기는 내가 중심이 되는 책 읽기이다. 책에 있는 내용을 그대로 따라서 읽는 것이 아니다. 내가 중심이 되어 선택해서 속도를 조절하면서 읽는다. 보통 책으로 활자화된 내용에는 권위가 생긴다. 그래서 절대적 믿음이 생기고 저자에 대해서도 무한 신뢰를 가진다. 하지만 그 주제에 대해서는 저자가 누구보다 전문가임은 맞지만 지극히 개인적인 주장일 때도 있을 수 있다는 점을 감안하면서 읽어야 한다. 저자도 우리와 같은 평범한 사람이기에 그 주장이 꼭 옳지 않을 수도 있으니 당당하게 그 책과 대화한다는 생각으로 읽어나가자.

핵심 위주의 책 읽기는 내가 중심이 되고 주체가 되는 책 읽기이다. 그러니 저자의 관점을 무시하지 않으면서 나의 관점이 중심이 되어 책을 선택해서 본다. 관심 없고 필요 없는 내용은 건너뛰면서 읽는다. 또 다른 방법은 전체를 읽되 속도를 조절해서 필요한 내용은 느리게, 필요 없는 내용은 빨리 읽는다. 어떨 때는 주장을 뒷받침하는 사례나 자료 같은 부분은 빠른 속도 아니면 생략해서 읽는다. 결국 처음부터 끝까지 같은 속도로 읽는 방법보다 읽는 분량이 줄어든다. 이 방법을 자유자재로 사용할 수 있다면 책 읽는 부담감이 줄어들면서 자신감과 즐거움이 찾아온다. 새로운 책 읽기의 시작도 쉬워진다. 스마트폰이나 TV처럼 쉽게 책을 잡게 된다.

책을 고를 때 나의 관심 키워드를 대입하라

책을 고를 때부터 자신의 관심 주제를 생각해보는 것이다. 자신이 관심 있고 필요한 부분의 키워드를 정해본다. 겉으로 표현을 안 하면 스스로도 자신이 무엇이 필요한지, 무엇에 관심 있는지 모호해서 분명하지 않을 수 있다. 그래서 자신만의 핵심 키워드를 정해 메모해서 시각화하는 것도 좋다. 그리고 온라인 서점에서 키워드가 들어간 제목을 검색해서 책을 구매해 읽으면 즐거운 독서를 할 수 있다.

자신이 관심 있는 책을 선택해서 읽을 때도 핵심 검색이 필요하다.

『대충 독서법』의 저자 김충만은 말했다.

"처음부터 책의 본문을 읽는 것이 아니라 표지와 목차를 보면서 책의 내용을 대충 파악하는 것이 중요하다. 표지와 목차를 보는 것만으로도 책의 분위기를 파악할 수 있고 책에서 말하는 내용이 무엇인지 알 수 있다" –『대충 독서법』, 김충만

책도 스마트폰이나 TV처럼 즐거울 수 있다. 책에 대한 선입견을 접어라. 즐기기 위해 노력하면 얼마든지 즐겁게 읽을 수 있다. 그냥 자신이 원하는 대로, 자신이 필요한 대로 편안하게 핵심 위주로 읽어라. 그리고 마음 편히 즐겨라. 그것만이 책과 친해지고 스마트폰과 TV처럼 즐겁게 읽는 방법이다.

내가 읽은 책들을 닮아가게 된다

"사람은 살아 있고 책은 죽은 것이다. 산 사람이 죽은 책을 읽으면 책을 살릴 수 있다. 죽은 책을 읽다가 산 사람이 죽을 수도 있다."

– 곽말약

나도 모르게 나를 변화시키는 조용한 혁명

"회장님, 교내 체육대회에 응급요원이 필요한데 지원 좀 해주세요."

교육청에서 나에게 걸려온 전화이다. 학교에 근무하면서 체육 담당 장학사님에게 이런 부탁을 받았다. 왜냐하면 그 당시 나는 고양보건교사 회장의 역할을 하고 있었기 때문이다. 보건교사 회장을 맡으면서 교육청 보건담당자와도 자주 연락하게 되었다. 교육청 보건담당자는 보건교사 전체에 관련된 일은 나를 통해서 의사소통을 했다. 보건교사들이 근무하면서 겪는 애로사항에 대한 부분도 나에게 연락이 왔다.

나는 보건교사 회장이 되고 가끔씩 생각했다.
'어쩌다가 내가 이 막중한 책임을 맡았을까?'

남들이 하기를 꺼려하는 이 일을 맡고 처음에는 잠도 오지 않았다. 그동안 한 번도 하지 않았던 일에 대한 두려움이 너무나 컸다. '잘해야 본전이라는데…. 내가 잘 할 수 있을까?'라는 생각도 들었다. 나의 능력에 대한 확신도 없었다.

하지만 한 가지 믿는 부분은 독서의 힘이었다. 그 당시 나는 독서를 본격적으로 시작한 지 3년 정도 지난 시점이었다. 매년 100권씩, 어떤 해에는 120권씩 읽었던 때였기에 무의식 중에는 '나는 충분히 할 수 있어!'라고 나 스스로를 믿었다.

보건교사 회장 선출 당시에 3명의 후보가 결정되었다. 회장 투표 전에 3명이 앞에 나가서 자신의 소신을 발표했다. 아이가 당시 7세, 5세라서 육아로 힘들어서 나는 회장을 못한다고 말할 수도 있는 상황이었다. 하지만 못한다고 말하지 않았다. 대신 나는 이렇게 말했다.

“나는 보건교사 12년을 했지만 그동안 임원을 한 번도 하지를 못했습니다. 결혼과 출산으로 그런 기회를 갖지 못했습니다. 회장이 아니라도 다른 임원이라도 한 경험이 있었다면 좋았을 텐데 그렇지 못했지요. 그런 점을 감안하여 신중히 투표하시길 바랍니다.”

나머지 2명은 자신은 못하는 어쩔 수 없는 상황에 대해 이야기를 했다. 결국 내가 될 수밖에 없는 상황을 나 스스로 만든 것이다.

연말 임원진은 보건교사 회장, 초등 부회장, 중, 고등부회장 각 1명씩 3명을 전체 투표로 뽑는다. 회장은 초등과 중, 고등학교에서 격년으로 돌아가면서 뽑는다. 내가 회장이 되고 나서 가장 먼저 해야 할 일이 나머지 임원진을 뽑는 것이다. 나와 같이 1년 동안 보건교사 전체를 일할 친분이 있는 참모진을 뽑는 것이었다.

‘누구를 뽑아야 하나?’, ‘나와 같이 일해 줄 사람이 누가 있을까?’, ‘각 임원진은 어떤 일을 하나?’ 생각했다. 임원진 중에서 나와 가장 연락을 많이 취해야 하는 임원진은 회계라는 판단을 했다. 그래서 회계 역할은 더욱 신중히 생각했다. 그래서 휴직 후 복귀할 때 받는 교육과정 중

알게 된 C보건선생님께 특별히 부탁을 드려 흔쾌히 승낙을 받았다. 임원기간이 끝날 때까지 아주 큰 역할을 해주신 C보건선생님께 감사함을 느끼고 있다. 지금이라도 다시 감사함을 전하고 싶은 마음이다.

지금도 돌이켜 회장 역할을 할 당시를 생각하면 너무나 신기하다. 자진해서 그 역할을 한 거나 마찬가지인데 그런 자신감과 용기는 어디서 나올 수 있었을까? 어느 날 갑자기 생기지는 않았을 것이다. 나는 그것을 5년 전부터 하기 시작한 독서 때문이라고 생각한다. 독서를 통해서 서서히 나는 조용히 변화되고 있었다. 책에서 읽은 수많은 리더의 모습을 닮아 나는 변화되었다. 그것은 나에게 혁명과 같은 일이다.

독서를 해오지 않았다면 나는 다른 사람과 똑같이 행동했을 것이다. 남의 눈치를 보면서 어떻게 하면 내가 임원진이 되지 않을까 머리를 굴렸을 것이다. 왜냐하면 두렵기 때문에 자신이 없기 때문에 그것을 어떡하든 피하려고 했을 것이다. 무조건 피하는 것이 최고라고 생각했을 것이다.

이렇게 독서는 나에게 담대함을 안겨주었다. 그것은 독서를 통해 위대한 인물들의 이야기를 접하면서 그들의 행동을 무의식적으로 따라하게 되었기 때문이다. 그들이 성공한 이유를 알기 때문에 그 성공한 방법대로 나도 따라 했다. 의식적인 행동이기보다 무의식적으로 따라가게 된다. 교육 용어로 잠재적 교육이 된 것이다.

독서는 나에게 담대함을 안겨주었다.
독서를 통해 위대한 인물들의 이야기를 접하면서 그들의 행동을
무의식적으로 따라하게 되었기 때문이다.

세상의 다양한 사람들에게서 조언을 얻어라

책이 좋은 이유는 책에는 다양한 시련과 역경만큼이나 다양한 성격의 인간들을 만날 수 있다는 사실 때문이다. 현실에서 대부분의 사람들은 자신과 비슷한 사람을 만나려고 한다. 그것이 긴장감이 덜 생기고 부담이 적기 때문이다. 하지만 여러 성격의 사람들을 만나보아야 삶의 다양한 부분을 배울 수 있는 것이다. 책에서 접한 다양한 성격의 사람을 현실에서 만나더라도 거부감 없이 받아들이고 포용할 수도 있다. 극단적인 성격의 소유자에 대한 수용력도 높아진다.

힘들 때 읽는 책은 나에게 새로운 도전을 할 수 있는 기회를 준다. 나는 인생의 위기를 겪으면서 힘들었지만 결과적으로 나에게 좋은 결과를 가져왔다. 힘든 시련이 있었기에 나는 책을 열심히 읽었다. 책 속에서 나만의 위안법과 문제 해결의 실마리를 찾았다. 나는 책을 통해 내가 도움을 받았듯이 나도 책을 통해 내가 알지 못하는 사람에게 도움을 주고 싶다는 꿈을 꾸게 되었다. 나는 그 꿈을 이루기 위해 지금 글을 쓰고 있다.

삶이 힘들어 시작한 독서가 내 인생 변화의 기회를 가져다주었다. 내 인생에서 책을 쓰는 일이 일어나리라고 상상도 못했다. 시련과 함께 다시 찾은 독서를 통해서 내 인생의 기적 같은 변화가 일어났다. 지금 책 쓰는 작업이 진행 중이다. 인생의 변화는 힘든 시련과 역경을 통해서 찾아온다. 당신도 시련과 역경을 피하지 마라. 그것을 발판으로 책을 읽고 당신의 잠재된 능력을 만나는 기회를 갖길 바란다. "시련과 역경은 변형된 축복"이라는 말이 있다. 이 말을 꼭 가슴에 새기자.

독서는 생각을 바꾸고 행동을 바꾸고, 나를 바꾼다

"자신이 꿈꾸는 다른 미래로 다가가기 위해서는 자신의 내면의 세계부터 바꿔 나가야 한다. 그동안 습관적으로 갖고 있었던 자신만의 신념, 가치관, 생각들을 바꾸기란 쉬운 일은 아니다. 그러나 단기간에 자신의 내면의 세계를 바꿀 수 있는 쉬운 방법이 있다. 바로 자신의 의식을 성장시킬 수 있는 독서이다." - 『자투리 시간 독서법』, 허동욱

『자투리 시간 독서법』의 저자 허동욱 코치는 책을 읽기 전까지는 평범한 직장인이었다. 편안하고 안전한 현실에 안주하며 눈에 보이는 것들만 보았다. 주체적인 삶을 사는 것이 아닌 세상에 자신을 맞추었다. 휴일만을 기다리며 하루하루를 견디고 그저 주어진 일들만 열심히 했다.

하지만 책을 읽으면서 생각의 변화를 겪게 되고 생각이 바뀌니까 행동도 바뀌었다. 허동욱 코치는 젊은 나이에 대기업을 다니고 있었으나 선배들을 보고 비전이 없다는 생각에 과감히 퇴사를 했다. 그리고 내면의 소리에 이끌려 스스로 열정이 샘솟는 일을 찾아서 스스로 인생을 개

척했고, 지금은 코치, 작가, 동기 부여가의 역할을 하면서 가슴 떨리는 삶을 살고 있다.

『하루 10분 독서의 힘』의 저자이자 '임마이티 컴퍼니' 대표인 임원화 씨도 독서로 힘든 삶을 이겨낸 스토리를 책에 담고 있다. 병원에 근무하는 사람들은 절대 실수를 하면 안 된다. 한순간의 실수가 환자의 생명을 잃게 할 수도 있기 때문이다. 생명과 연관된 병원이기에 병원 근무하는 모든 의사나 간호사들은 매일 긴장의 연속이다. 임원화 대표는 긴장되고 힘든 상황을 극복하기 위해 독서를 하기 시작했다.

임원화 대표는 책을 통해서 극한 상황을 극복하는 사람들의 이야기를 찾아 읽었다. 책을 통해 하루하루 치유를 받았다. 하루 세끼 밥 먹듯이 영혼의 영양소를 제공받았다. 책은 위안처이고 자신의 모든 것을 받아주는 안식처가 되었다. 책으로 힘든 시기를 극복했다. 그리고 책으로 다시 삶은 변화되기 시작하여 현재는 작가, 컨설턴트, 동기 부여가, 강연가의 길을 가고 있다.

내가 자진해서 보건교사 회장을 한 것도, 허동욱, 임원화 코치가 현재 원하는 삶으로 매일 가슴 떨리는 일로 만족하며 살 수 있었던 것도 다 독서를 했기 때문이다. 독서도 어쩌다 드문드문 하는 독서가 아니다. 삶의 일부로서 정착된 독서를 했다. 생활의 많은 부분을 독서로 채웠다. 24시간 중 일하는 시간과 생활의 기본적인 시간들을 빼고 대부분의 시간을 책과 함께했다. 책이 가장 우선시하는 삶을 살았다. 하루 한 권 독서로 매일 변화되는 것이 자연스런 일상이 됐다.

하루 한 권 정도의 독서는 자신의 삶에 씨앗을 뿌리는 행위이다. 씨앗은 조용히 땅속에 있다가 어느 날 갑자기 발화한다. 대나무가 자라는 것과 비슷하다. 발아 전 대나무는 약 5년 동안 땅속에 있다. 죽순으로만 간혹 자신의 존재를 피력한다. 그러다가 5년이란 시간이 지나면 하루에 20cm, 30cm씩 자란다.

책 읽기로 자기 변화가 일어나는 것도 이와 마찬가지이다. 임계점이 올 때까지 겉으로 보기에 변화가 없는 듯하다. 변화가 없는 듯 보이지만 내면에서는 혁명과 같은 기적과 같은 변화가 서서히 일어나고 있다. 임계점에 도달하는 어느 날 과거의 내가 아닌 혁신적인 사고와 행동이 불현듯 나타난다. 지금, 책으로 조용한 자기변화를 만들어보는 것은 어떤가? 책으로 당신의 충만하고 행복한 미래를 만들어보자. 당장 눈에 보이는 결과가 없더라도 즐거운 책 읽기는 당신을 실망시키지 않는다. 자신을 변화시키는 조용하면서 강력한 혁명이 될 것이다.

책 속의 위대한 멘토가 당신을 기다린다

"좋은 책을 읽는 것은 수많은 고상한 사람과 대화를 나누는 것과 같다."

– 괴테

무엇보다 가장 든든하고 영원한 멘토는 독서다

멘토 ; 현명하고 신뢰할 수 있는 상담 상대, 지도자, 스승, 선생

멘토라는 용어를 평소에 잘 사용하지는 않는다. 하지만 우리는 항상 멘토의 도움을 받으면서 살아왔고 또 살아간다. 작은 조언에서부터 삶의 방향을 전환하는 데 결정적인 영향을 미치는 충고까지 다양하다.

완전히 성인이 되기 전까지, 즉 고등학생, 대학생까지는 무엇보다 부모님이나 선생님이 그 역할을 주로 했다. 먼저 인생을 사신 분들이기에 그 분들의 조언과 충고는 우리의 시행착오를 줄여주고 우리의 앞날을 결정하는 데 지대한 영향을 끼쳤다.

대학을 졸업하고 이제 성인이 되었다. 성인이 되면서 다양한 역할을 하면서 살게 된다. 직장인으로서, 엄마로서, 아빠로서, 자식으로서 복합적 역할을 맡으면서 고민에 쌓인다. '어떻게 하면 직장 생활을 좀 더 잘 할 수 있을까?', '어떻게 하면 훌륭한 엄마, 아빠가 될 수 있을까?', '이 시대에 아이들을 어떻게 키워야 제대로 키우는 것일까?', '부모님 연세 많으신데 어떻게 하면 좀 더 행복하게 모실 수 있을까?' 이런 생각들로 마음은 무겁다.

여건과 성향에 따라 무거운 마음을 해결하기 위해 다양한 방법을 사용한다. 어릴 때 우리의 멘토였던 부모님은 이제 우리가 돌보아야 할 대상이 되었다. 물론 지혜를 구할 수는 있지만 잘못하면 걱정을 끼치는 것이니 조심스럽다.

종교 활동을 통해서 판단할 기준을 찾는 사람도 있다. 어떤 사람은 그냥 살던 대로 살자는 무의식적 자포자기 심정이 되기도 한다. 사실 해내야 할 일들의 무게가 너무 크고 큰 스트레스를 받다 보면, 크게 생각하지 못하고 문제 자체에만 초점을 맞추어 포기하는 심정이 되기 쉽다.

인간은 자신의 생각을 가지고 산다. 하지만 누군가의 생각이 뒷받침되면 더욱 확신을 가지고 행동할 수 있다. 그 역할을 할 수 있는 것은 다양하겠지만 시공간의 제한을 받지 않고 언제 어느 곳에서나 가장 쉽게 만날 수 있는 멘토는 책이다. 책을 통해서 자신이 필요한 부분의 답을 얻는다. 인생에 결정적 영향을 미치는 내용을 얻을 수 있다.

주위의 어떤 멘토보다 책은 위대한 멘토이다. 유명한 사상가, 철학가, 천재작가들이 우리에게 인생의 비밀과 원리, 삶의 노하우와 구체적인 방법까지 다양한 이야기들을 들려주고 있다. 요즘은 시대가 바뀌어 평범한 사람 누구나 자신의 경험과 생각을 책으로 내고 있다. 위인들의 값진 이야기도 접하지만 나와 비슷한 경험을 겪은 저자들의 이야기를 듣고 인생 해답의 실마리를 찾을 수 있다.

책을 읽지 않고 세상을 사는 사람은 값싸면서도 위대한 수업을 듣지 않는 학생과 같다. 교과서 공부 없이 시험을 보는 사람과 같다. 공부한 사람과는 경쟁이 되지 않는다. 독서하지 않는 사람은 세상살이의 수많은 노하우를 배울 기회를 놓치는 것이다. 자기 삶의 진정한 소명을 찾고 그 의미를 아는 데까지도 많은 시간이 걸린다.

책을 통해서 자신이 필요한 부분의 답을 얻는다.

인생에 결정적 영향을 미치는 내용을 얻을 수 있다.

주위의 어떤 멘토보다 책은 위대한 멘토이다.

『1천권 독서법』의 저자 전안나 씨는 워킹맘으로서 힘든 시기를 보낼 때 멘토를 만났다. 직장 생활 10년 만에 모든 에너지가 바닥나고 심각한 무기력증을 느꼈다. 아이를 키우는 것도 쉽지 않았다. 일과 가정 모두에 실패했다고 느끼면서 내면의 열등감과 죄책감에 지배당하고 우울감과 식욕부진에 시달렸다. 그러다가 우연히 박상배 작가의 『본깨적』에서 "2천 권의 책을 읽으면 머리가 트입니다."라는 글을 보고 책을 읽기 시작한다.

전안나 씨는 워킹맘의 역할을 하면서 독서를 해야 해서 우선 1천권으로 목표를 잡고 하루 한 권 3년 동안 읽었다. 300권을 읽을 때 1차 임계점이 와서 마음이 차분하게 정리되는 느낌을 받았고, 800권을 넘기면서 작가가 될 수 있다고 생각했다. 그리고 마침내 실제로 책을 내고 작가가 되었다.

삶에서 문제가 없을 때는 독서하기 어렵다고 한다. 물론 어렸을 때부터 독서가 습관이 된 경우에는 삶의 문제와 상관없이 책을 읽는다. 그러나 보통 삶에서 풀리지 않는 문제나 인생이 꼬일 경우 독서를 시작하는 경우가 많다. 책에는 자신의 문제를 해결해줄 많은 이야기들이 있기 때문이다. 이때 문제 해결의 상담가가 책의 저자이기도 하고 책 속에 나온 다른 위인일 수도 있다.

책 속에 멘토가 기다리고 있다

나는 전안나 씨처럼 특별한 멘토를 만나면서 독서를 시작한 것은 아니다. 책을 읽는 중간 중간에 나의 멘토들이 나를 기다리고 있었다.

2년의 휴직 기간을 마치고 2014년도에 복직을 했다. 아이는 커서 육아가 좀 쉬워졌지만 직장 생활로 인해 여전히 책 읽는 시간이 부족했다. 조금 일찍 출근해 업무 전 30분, 점심시간 30분의 자투리 시간을 이용했다. 그래도 연간 100권 목표를 이루기 위해서는 한 달에 대략 10권, 일주일에 2~3권을 읽어야 한다. 다른 시간 확보가 필요했다. 어떻게 해결할까 고민했다. 고민을 가지고 책을 읽다 보니 해결점들이 보였다. 책에서 답을 찾은 것이다.

모든 인간에게 하루 주어진 시간은 24시간 똑같다. 주어진 물리적 시간은 24시간이지만 시간의 밀도를 올려 상대적 시간을 늘려보자고 생각했다. 똑같은 1시간이라도 상대적 시간을 늘리면 더 많은 일을 할 수 있다. 나는 상대적 시간 늘리기 위해 특히 집중이 잘되는 시간을 찾았다. 그 시간은 새벽 시간이었다.

나는 책을 통해서 많은 독서의 고수들이 새벽 시간을 이용해 책을 읽고 글을 쓴다는 것을 알게 되었다. 그래서 나도 새벽 시간을 활용하자고 결심했다. 그들이 독서시간 확보를 고민하는 나에게 멘토 역할을 해 주었다. 멘토을 통해 고민거리를 해결했다. 우리가 가지는 고민이 여러 가지 이듯이 그 고민에 힌트를 주는 멘토도 여러 명이 될 수 있다. 문제 해결을 위한 멘토와 인생의 방향을 안내하는 여러 명의 위대한 멘토를 책에서 만날 수 있다.

멘토를 통해 실천하게 된 새벽 시간 활용으로 독서 목표를 새롭게 수정했다. 1년 전부터 하루 한 권으로 목표를 정했다. 새벽 2시간, 직장에서 점심시간 30분~1시간, 퇴근 후 1시간정도이면 3시간 30분~4시간 정도 된다. 핵심 위주 독서로 충분히 하루 한 권 독서가 가능했다. 성공하는 대부분 사람들은 다 새벽시간을 활용한다는 말이 충분히 이해가 되었다. 그들은 새벽 시간을 이용했기 때문에 성공했다고 말할 수 있다. 나도 그들처럼 새벽 시간을 활용하면서 새로운 아이디어로 나의 사고는 긍정적이고 도전적으로 변했다.

문제에 대한 해답과 조언이 책 속에 있다

전안나 씨는 800권을 읽으면서 작가가 되고 싶다는 생각을 가졌다고 한다. 나의 경우도 책을 읽으면서 책을 써야겠다고 생각했다. 나는 연간 100권에서 150권 정도를 읽었고 500권 정도를 읽은 시점에 나는 책을 써야겠다는 마음이 생겼다. 하지만 독자에서 작가가 되는 꿈이 생겼어도 너무나 막연했다. 무엇을 어떻게 해야 책을 쓸 수 있는지 몰랐다.

다만 내가 쓸 주제는 정해두었다. 모든 것이 평범하지만 나의 가장 독특한 부분이랄 수 있는 '독서'를 주제로 정했다. 사람들은 생각 외로 독서를 하지 않는다. 대한민국 성인의 한 달 독서량은 1권이 채 되지 않는다. 심지어 10명 중 4명은 일 년 중 단 1권의 책도 읽지 않는다. 이런 실정이 나는 안타까워 반드시 독서 관련된 책을 써서 나의 경험과 생각을 공유하고 싶었다. 심적으로 흔들리는 교사와 바쁜 직장인들에게 책이란 든든한 친구를 사귀는 방법을 알려주고 싶었다.

'책을 어떻게 쓰지?'라는 고민을 안고 책을 읽으면서 나는 멋지고 훌륭한 멘토를 만났다. 『하루 10분 독서의 힘』을 읽다가 나는 무릎을 쳤다. 이 책의 저자 임원화는 간호사 출신이다. 신규간호사 시절 너무나 고통스러운 시간을 보내면서 책을 가까이 하게 됐다. 독서를 한 3년 이후부터 꿈을 가지게 됐다. 자신이 독서로 힘든 고통의 늪을 빠져나왔듯이 사람들에게 독서의 힘을 알려주고 싶다는 비전이 생겼다. 그래서 그녀는 책을 쓰기 시작했다. 책을 어떻게 하면 쓸 수 있는지 그 책에 자세히 나와 있다. 내가 찾고 있는 답인 것이다.

우리는 항상 멘토를 만날 수 있다. 어릴 때는 부모님이나 선생님이 가까이에서 우리의 멘토 역할을 해주셨다. 당신의 기질과 상황에 맞추어 맞춤식 조언을 해주셨다. 성인이 된 지금은 스스로 멘토를 찾아야 한다. 주변 어떤 누구보다 위대한 멘토는 책 안에 있다. 책은 우리에게 맞춤 멘토 역할을 해준다.

살면서 우리는 여러 가지 문제를 가진다. 그 문제에 대한 해결을 위해 혼자 고민하기보다 그 시간에 책을 읽어라. 책에서 고민을 상담해주는 멘토를 만나서 해결하라. 또한 책을 읽으면 자신의 내면을 들여다볼 수 있기 때문에 진정한 자신의 모습을 볼 수 있다. 정말로 자신이 원하는 것이 무엇인지 돌이켜 생각해보게 된다. 자신이 무엇을 원하는지 알게 된다. 책을 통해서 자신의 꿈을 찾을 수 있다.

꿈을 실현하기 위해서도 책의 멘토는 당신에게 많은 것을 알려준다. 그리고 새로운 삶으로 당신을 인도한다. 책에서 수많은 멘토가 당신을 기다리고 있다. 멋진 인생을 위해 책에서 위대한 멘토를 찾아라.

'쓰기'가 진정한 '읽기'를 완성시킨다

"붓을 움직이지 않는 독서는 독서가 아니다."

– 모택동

읽기 시작하면 쓰고 싶어진다

"엄마 독서실 갔다 올게. 한 꼭지 쓰면 전화할게."

"응! 엄마, 한 꼭지 쓰면 전화해. 아빠랑 놀고 있을게."

주말에 아침밥을 챙겨주고 헐레벌떡 나가면서 아이들에게 내가 말한다. 초등학교 1, 2학년인 아이들도 나의 말에 다정스럽게 대답을 해준다. 우리의 대화 내용에 '꼭지'라는 표현이 있다. 보통 사람들이 자주 사용하지 않는 용어이다. '꼭지'라는 용어는 출판 용어로 책의 소제목을 말한다. 나와 아이들이 이 용어를 자연스럽게 사용한 것은 내가 책을 쓰기 시작하면서부터이다.

나는 요즘 매일 글을 쓴다. 나도 정말 신기하다. 독서를 본격적으로 시작하면서 책 쓰기가 나의 꿈이 되었지만 막상 글을 쓰니 기분이 묘하다. 아직 익숙하지 않다. 남의 옷을 입고 있는 듯한 기분이 들기도 한다. 하지만 난 지금 분명히 꼭지 글을 채워가고 있다. 게다가 지금 탈고를 눈앞에 두고 있다. 치열하게 하나하나 채워 가다 보니 책 완성의 고지가 가까이 보이고 있다.

『내 인생의 첫 책 쓰기』의 김우태 작가 같은 경우도 그야말로 평범한 삶을 살다가 결혼 후 독서광인 와이프의 영향으로 책을 읽기 시작했다고 한다. 독서를 하면서 32살에 책을 내보자는 꿈을 꾸었다. 직장을 다니면서 조금씩 꿈을 위해 책을 읽었고, 8년 만에 첫 책을 출간했다.

김우태 작가는 독서를 통해서 작가의 꿈을 이루었다. 아마 대부분의 작가들이 그럴 것이다. 책에 관심을 가지고 있으니 책을 읽게 되고 또한 책도 쓰게 된 것이다. 물론 책을 읽는 사람이 다 작가가 되는 것은 아니다. 하지만 책 쓰는 용기만 조금만 낸다면 그들에게 작가가 되는 것은 시간 문제이다.

책을 접하면 생각이 많이 달라진다. 책을 통해서 다양한 간접 경험을 하게 되고 자신을 돌아보는 시간을 갖기 때문이다. 책을 읽지 않으면 바쁜 삶에 치여 자신도 인생도 제대로 돌아볼 시간이 없다. 바쁘게 살면서 앞에 있는 주어진 일을 열심히 한다. 사는 대로 생각하면서 급한 것 위주로 처리하면서 살게 된다. 자신이 주인이 되어야 할 인생에 자신의 존재는 없다. 존재감도 없이 40세, 50세, 60세가 되면 인생이 허무해진다. 그때 의미 없이 후딱 가버린 인생을 잡고 후회하고 눈시울 적셔도 소용이 없는 것이다.

책을 읽으면 나 자신을 제대로 알 수 있는 기회를 가지게 된다. 책에서 여러 삶의 모양을 보게 된다. 시련과 역경을 도전과 인내로 극복하고 결국에는 성공하는 삶을 사는 많은 사람들의 이야기를 알게 된다. 그러면서 나의 삶도 생각해보게 된다. 내가 가장 원하는 것이 무엇인지에 대한 고민을 한다. 그리고 어렴풋이 답을 찾게 된다.

책을 가까이 접하면서 독서가 생활이 된 사람들은 어느 순간 자신도 저자가 되는 꿈을 꾼다. 이것은 자연스러운 과정이다. 공기를 들이마시기만 해서는 살 수 없듯이 책만 읽고서는 답답하고 부족한 뭔가를 느끼게 된다. 들여 마신 공기를 내쉬어야 자연스런 호흡이 되듯이 책을 통해 알게 된 지식과 융합 과정을 통해 만들어진 새로운 아이디어들을 내쉬는 작업이 필요한 것이다. 안에 차있는 것을 내쉬는 작업인 책 쓰기는 말하고 싶은 것과 같은 자연스런 욕구이다. 쓰는 작업이 있어야 책도 더욱 잘 읽을 수 있다. 읽는 행위는 쓰는 활동에 영향을 주고 쓰는 활동은 읽는 활동에 좋은 영향력을 미친다. 읽는 것과 쓰는 것은 동전의 양면과 같은 서로 긍정적 영향을 주는 선순환 과정인 것이다.

이렇게 책이 많은데 왜 내 책은 없지?

본격적인 독서 생활을 하면서 어느 순간 나는 한 가지 꿈을 가지게 됐다. 독서로 육아의 문제를 하나하나 해결하고 다른 분야도 계속 읽으면서 나는 생각했다. '내가 다른 사람이 쓴 책으로 도움을 받았듯이 나도 다른 사람에게 도움이 되는 책을 쓰고 싶다.'라는 것이다. 육아서를 쓴 작가들은 아이를 키우면서 시행 착오한 경험과 생각들을 책으로 썼다. 독자인 나는 그 책 덕분에 작가와 같은 실수를 줄이고 아이를 잘 키울 수 있었다. 하찮은 나의 경험일지라도 한 사람에게라도 도움이 되지 않을까하는 생각을 자연스럽게 하게 되었다.

책을 써야겠다고 생각한 또 한 가지 이유가 더 있다. 책을 읽다 보니 세상의 책이 너무나 많다는 것이다. 읽어도 읽지 않은 책은 넘쳐났다.

하루에 출간되는 책이 100종이라고 하자. 하루에 한 권씩 읽어도 하루에 99권의 읽지 못한 책이 있게 된다. 내가 알고 있거나 읽은 책은 극히 일부일 뿐이다. 책의 끝은 어디인가? 이 많은 책 중에서 나의 이름으로 된 책은 왜 없을까? 그런 의문이 들었다. 그 많은 책 가운데 내가 쓴 나의 책도 한 권 있었으면 하는 강렬한 열망이 생겼다.

책 쓰기에 대한 뜨거운 열정이 있지만 책 쓰는 것은 쉽게 시작할 수가 없었다. 인생의 버킷리스트에 자주 오르는 것이 나의 이름 석 자가 박힌 한 권의 책이다. 하지만 그것을 도전하는 사람은 많지 않다. 왜 그렇겠는가? 책 쓰기에 대한 두려움 때문이다. 그리고 자신감이 없어서이다. 또 한 가지 무엇을 어떻게 시작해야 할지 그 방법을 모르기 때문이다. 처음 독서를 시작하기 힘들 듯이 책 쓰기도 그렇다. 아니 새로 시작하는 모든 일에는 이런 어려움과 두려움이 있다. 그렇다고 포기할 수는 없다. 용기를 내어서 일단 과감히 시작하는 것이 가장 중요하다고 생각했다.

책 쓰기가 책 읽기를 완성한다

시중에 '책 쓰기' 책이 많이 출간되어 있다. 책 쓰기의 열망이 있으면 무엇이든지 실행을 해보아야 한다. 역시 가장 저렴하고 시공간의 제한 없이 쉽게 할 수 있는 방법은 책을 읽는 것이다. 나는 '책 쓰기' 책을 읽

그 많은 책 가운데 내가 쓴 나의 책도 한 권 있었으면 하는
강렬한 열망이 생겼다.

기 시작했다. 그리고 일일특강을 통해서 책 쓰기 과정에 등록했고 책을 쓰기 시작했다. 지금 쓰고 있는 이 책이다. 평소 책을 많이 읽는 만큼, 책으로 많은 도움을 받은 만큼 나의 책 쓰기 주제는 '독서'가 되었다.

독서에 대한 책을 쓰기 시작하면서 나는 하루에도 여러 권씩 독서법, 글 쓰는 법에 대한 책을 읽고 있다. 글을 쓰면서 책을 읽으니 책이 더욱 잘 읽힌다. 책의 구조가 보이니 읽기도 좀 더 쉬워진다. 또한 책은 글을 쓰는 재료가 되기 때문에 더 많은 책을 보게 된다. 하루 몇 권씩 읽으면서 나의 기존 지식과 경험이 아우러지면서 독서법에 대한 나의 생각이 정리가 된다.

'맹모삼천지교'라는 속담은 교육에서 환경의 중요성을 말할 때 단골로 나오는 격언이다. 사람이란 스스로 생각하고 행동하는 존재로 주체적 인간이면서도 환경의 영향을 강력하게 받는다는 의미를 나타낸다. 이것은 아이에게만 해당되는 것이 아니다. 성인이 되어도 환경의 영향을 무시할 수 없다. 책을 가까이 하고 자주 접하는 사람일 경우 활자에 친숙해진다. 남의 이야기를 잘 듣는 사람이 공감력 있게 말을 잘하게 되듯이 독서를 자주 하는 사람은 결국 글 쓰는 것에도 관심을 가지게 된다. 읽는 만큼 쓰는 일도 거부감 없이 익숙하게 느껴지게 된다.

당신도 책 쓰기에 도전해보길 바란다. 책을 접하는 환경을 조성하고 자신을 최대한 책에 노출시켜라. 그리고 짧은 감사의 글이라도 매일 써 보자. 자신감을 가지고 자신의 내면에 꿈틀거리는 거인을 깨워내라. 자신의 무한한 잠재 능력을 깨울 수 있는 것은 자신의 작은 선택에서부터 시작이라는 점을 기억하자. 인생의 한 페이지를 당신 인생의 발자취를 남기는 책 한 권 쓰는 시간으로 채우길 기원한다.

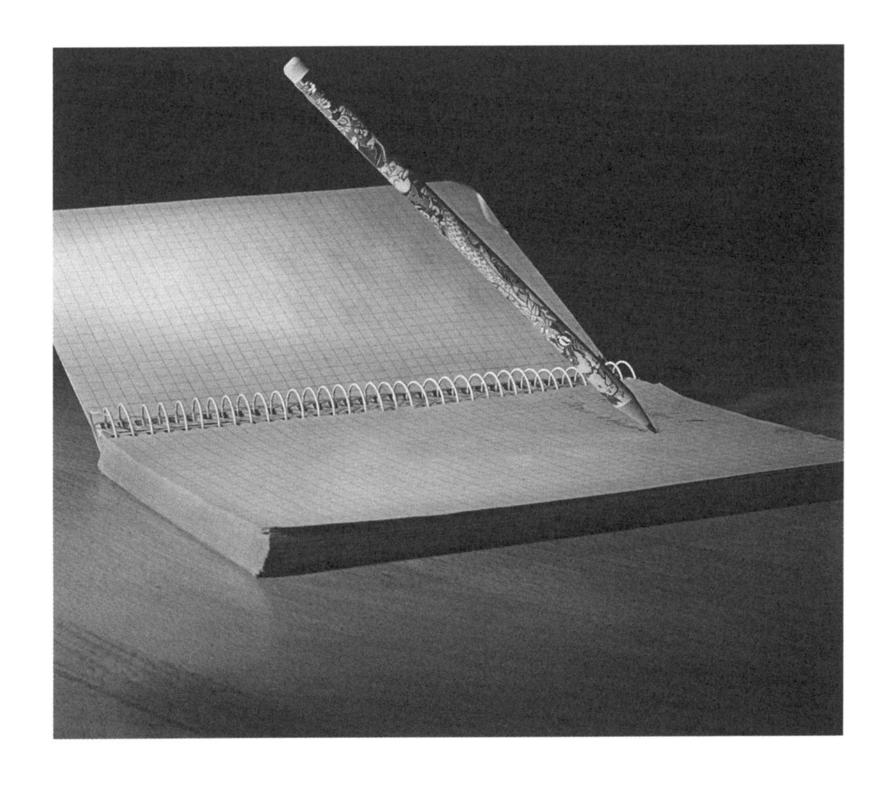

30법칙

누구나 '하루 한 권' 읽을 수 있는 능력이 있다

"인간의 성공은 독서량에 정비례한다."

– 랄프 왈도 에머슨

권수를 의식하면서 읽어라

"하루 한 권 독서 가능할까요?"

이 질문에 "네, 가능해요. 방법만 제대로 알면 즐겁게 하루 한 권 읽을 수 있어요."라고 대답하는 사람이 얼마나 될까? 아마 많지 않을 것이다. 질문을 받는 사람 중에는 아예 관심도 없는 사람도 있을 것이다.

독서를 생활에서 실천하는 사람들도 하루 한 권 자체를 생각하지 않는다. 책을 통해서 내가 배우고 깨닫는 것이 중요하지, 책의 권수는 중요하지 않다고 무시한다.

하지만 하루 한 권 읽기는 중요하다. 책 읽기에 대해 가졌던 고정관념의 실체를 파악하게 되고, 새로운 도전을 부르는 깨달음의 기회가 된다. 하루 한 권 독서는 일상생활에서 충분히 가능하다.

어떤 영역에서 새로운 모습으로 변화되기 위해서는 어느 정도 양이 차야 한다. 열이 지속적으로 가해져 100℃가 되면 다양한 음식을 만들 수 있다. 구수한 된장국도 끓이고, 야밤 출출할 때 먹는 라면도 끓일 수 있다. 이처럼 독서도 어느 정도 독서량이 되어 기존 지식이 많아지면서 지식의 융합이 일어나고 새로운 아이디어가 생긴다. 새로운 사고로 새로운 자신의 모습이 만들어진다. 진정한 자신의 내적, 외적 변화를 체험할 수 있다.

보통 독서할 때는 책 한 권을 고심 끝에 선택해서 읽는데, 너무 오래 걸린다. 선택한 책은 열심히 한 글자 한 글자, 학창시절 공부할 때의 방법대로 읽어 간다. 그때에 비해 한 가지 다른 부분은 시험날짜가 없기 때문에 시간의 제약은 두지 않고 읽는다는 점이다. 1주도 걸리고 2주도 걸린다. 그래도 신경 쓰지 않는다. 그냥 읽는 것 자체에 의의를 둔다.

한 권으로 2주, 3주 읽다 보면 앞의 내용은 잊어버리고, 읽어나가면서도 앞의 내용을 읽기 위해 또 다시 앞 페이지로 간다.

한 권으로 너무 길게 읽다 보면 처음 그 책을 골랐을 때 호기심과 궁금한 점이 사라지게 된다. 열정이 식은 후에는 에너지 없이, 영혼 없이 내용을 받아들이게 된다. 호기심이라는 에너지가 사라지기 전에 한 권을 읽지 않으면 얻는 것도, 깨닫는 것도 적어진다.

또한 2~3주 동안 꼼꼼히 읽었지만, 읽는 것 자체에 신경 쓰다 보니 이해는 뒷전이 되고 만다. 책 읽는 에너지를 글자 자체를 읽는 데에 쏟기 때문에 뇌는 피곤해지고 이해의 깊이는 줄어든다. 글씨를 또박또박 따라 느리게 읽는 독서법으로는 힘만 빠지고 제대로 된 독서가 어렵다. 독서의 진정한 목적을 잊게 되고 우리 의식의 변화는 더딜 수밖에 없다.

모든 분야에서 질적 변화가 일어나는 임계점을 넘기 위해서는 적절한 방법으로 적절한 양적 노력을 채워야 한다. 독서도 어느 정도 권수를 채워야 긍정적인 방향으로 질적인 변화가 일어난다. 독서력도 좋아진다. 핵심 위주 읽기도 가능해져 당신에게 새로운 체험과 깨달음, 즐거움을 줄 것이다. 그래서 권수를 의식하는 독서가 중요한 것이다.

ANNE GOLON
Angélique
Der Rabbi
heiter

자기 수준보다 조금 더 높은 목표를 잡아라

나는 처음 책을 읽을 때는 거창하게 시작하지 않았다. 여느 다른 사람과 비슷하다. 그냥 책 한 권을 읽어서 얻는 사소하지만 생활에 중요한 보탬이 되는 정보와 깨달음에 감사했다. 육아에 대한 구체적인 이야기에 감탄하면서 '왜 진작 책을 읽지 않았을까?'라고 아쉬워했다. 그런 즐겁고 유익한 독서의 나날이 반복되면서 새로운 도전을 결심했다. 독서 100권 읽기 계획을 세웠다.

시간은 1년으로 두었다. 구체적이고 세부적인 부분은 생략하고 무조건 100권으로 목표를 세웠다. 처음에는 1년이 52주이니 52권을 읽어도 되지 않을까 싶었다. 하지만 1년 52권이면 1주에 1권인데 그동안 내가 읽어온 것을 봤을 때 그것보다는 많이 읽을 수 있다는 생각이 들었다. '그럼 1주에 2권정도 읽는다고 상상하고 대략 100권을 읽어보자.'

어떤 목표를 세울 때 자기 수준이 기본 베이스가 된다. 자기 수준보다 한 단계 높게 목표를 세워야 동기 부여가 잘 된다. 자기 수준만큼의 목표는 스스로 동기 부여를 하지 않겠다는 의미와 같다. 목표에 대한 매력을 느끼지 못하고 나태해진다. 그렇다고 너무 높게 세우면 목표수행에 부담을 느끼면서 실행력도 떨어지게 된다. 결국 그동안 독서 생활 경험을 바탕으로 나는 1년 100권 독파라는 흥분되면서도 설레는 목표를 세우고 실행하게 되었다.

내가 이런 독서 목표를 세운 것은 독서를 본격적으로 시작한 지 1년 만의 일이다. 독서 목표를 세우기 1년 전만 해도 나는 독서에 대한 개념 자체가 없었다. 독서는 시간적 여유가 있는 사람의 전유물이라 생각했기 때문이다. 하지만 책을 내 삶의 일부로 받아들이게 되자 독서는 시간과 상관없다는 사실을 깨닫게 되었다. 독서는 해도 되고 안 해도 되는 선택의 문제가 아니었다. 한 번 뿐인 인생을 값지게 살기 위해서 독서는 필수라는 가치관을 갖게 되었다. 독서의 견인차 역할을 할 독서 권수 목표는 그래서 반드시 필요하다.

1년 100권를 달성한 3가지 방법

'1년 100권'의 목표 달성을 위해 나는 여러 가지 노력을 했다. 독서법이라는 제목이 붙은 책은 다 찾아 읽기 시작했다. 우리나라의 저자는 물론 다른 나라의 저자가 쓴 독서법까지 읽었다. 수십 권의 독서법 책을 읽고 어떻게 목표를 이룰 것인가 고심하고 정리했다. 그리고 그 방법대로 100권 목표를 이루었고 지금은 하루 한 권 독서도 가능하게 되었다. 내가 사용한 대표적인 독서법 3가지을 설명하고자 한다.

첫째, '나는 독서 권수 목표를 자연스럽게 이룰 수 있다'라고 스스로 믿었다. 상상하지 않은 것은 현실로 만들 수 없다고 한다. 내가 목표하지 않은 것도 현실로 만들 수 없다. 목표는 했지만 자꾸 의심하면 실패로 끝난다. 스스로 이룰 수 있다는 확신을 가지는 것이 무엇보다 중요하다. 나는 1년에 100권을 읽고 완독 리스트를 보며 흡족해하는 나를 상상했다. 지금은 늘 '하루 한 권 독서'를 이룬 후 만족해하는 나 자신을 상상한다.

둘째, 한 권 읽는 데 소비하는 데드라인 시간을 3시간으로 정했다. 『우리 반 1등의 기막힌 독서비법』에서 정은기 작가는 '300페이지 정도 되는 보통 책을 읽는다면, 독서 습관이 바로 잡히지 않은 일반인일 경우 7시간 30분 걸린다.'라고 말한다. 나도 처음에는 한 권을 읽는 데 6~7시간이 소요되었다. 아이가 어릴 때이니 할 일은 많고 오늘 읽어야 할 분량도 정해진 상태이니 조급증만 생겼다. 그래서 데드라인 효과를 한 권의 책에 적용시켜 보았다. 데드라인을 정하면 잠재능력을 최대한 끌어낼 수 있다. 무의식적 잠재능력이 발휘되는 데드라인 효과는 독서에서도 마찬가지로 나타난다고 믿었다. 그리고 1권당 3시간으로 시간을 정했다.

그전에는 주로 자투리 시간을 이용했는데, 한 권 완독 시간을 3시간으로 정한 후에는 덩어리 시간을 만들기 시작했다. 덩어리 시간이어야 시간 계산하기도 쉽다. 그래서 나의 생활에서 확보할 수 있는 시간을 찾게 되었다. 밤에 아이들을 재우고 1시간, 새벽 2시간으로 덩어리 시간을 만들었다. 습관 형성에 적절한 전략이 필요했다. 새로운 시간을 활용하는 데 여러 번의 시행착오를 겪었지만 지금은 하루 한 권 독서 실천에 없어서는 안 되는 귀한 시간으로 사용하게 되었다. 특히 새벽 독서의 가치는 해보지 않은 사람은 100% 이해 못한다. 새벽에 읽어본 사람만이 알 수 있다. 새벽 독서의 매력을 글로 다 표현할 수 없다.

셋째, '속 발음 없애기' 방법을 실천하기 위해 노력했다. 속 발음은 속으로 책의 글자를 따라 읽는 것이다. 이것은 소리 내어 읽는 낭독과 비슷하다. 소리 내어서 책을 읽어보라. 도저히 한 권을 3시간 만에 읽을 수가 없다. 그리고 속 발음으로 읽은 책은 이해도가 떨어진다. 글자 자체에 신경 쓰느라 이해하는 데 집중력이 떨어지기 때문이다. 글자를 배울 때 낭독하듯 한 버릇이 아직까지 남아 속 발음을 하게 되는 것이다. 속 발음하면서 좌에서 우로 순차적으로 읽는 것이 아니라 키워드 단어별로 읽으면서 핵심 위주 책 읽기를 해야 한다.

나는 다독을 하면서 '속 발음 없이' 읽는 방법을 실천하기 시작했다. 하지만 속 발음은 평생 사용했기 때문에 지금도 쉽지는 않다. 이런 나와 달리 학창시절부터 실천한 사람이 내 가까이에 있다. 그 사람은 바로 나의 친언니이다. 눈으로 핵심 내용 위주로 교과서를 읽고 공부하였다는 언니의 말에 나는 놀라고 말았다. 언니가 고등학교 때부터 졸업할 때까지 수석을 하고 대학도 수석으로 입학한 비결이 거기에 있었다.

'하루 한 권'으로 독서 목표를 세워라

우리는 목표를 세우면 그것을 이루기 위해 자연스럽게 자신이 가진 잠재 능력까지 발휘하게 된다. 독서 권수 목표가 무의미하다고, 독서에서 권수로 목표를 두는 것은 수준 낮은 행동이라고 여기는 사람도 있다. 하지만 일단 해보라. 해보면 안다. 나의 경우 구체적인 권수라는 목표가 있었기에 독서 방법을 찾기 위해 노력했고, 새로운 독서의 세계로 입문했다.

우선 독서에 어느 정도 적응을 한 사람이라면 나는 반드시 하루 한 권 독서 목표를 세워 실천할 것을 권한다. 하루 한 권 독서는 자신의 무한한 능력을 발휘하는 계기가 된다. 나 역시 하루 한 권을 읽기 위해 터득한 독서법은 평생 지녀왔던 책 읽기의 부담감을 사라지게 했다. 부담감이 없이 단시간 내에 읽고 기억에도 오래 남아 생활에 적용하기도 쉬워진다.

오늘부터 하루 한 권 독서 목표를 세워보라. 실제 독서에 들어가면 시행착오가 생길 수도 있다. 하지만 시행착오를 극복해가면서 꾸준히 하루 한 권 독서를 계속한다면 인생의 든든한 버팀목이 되어줄 것이다. 독서를 즐기면서 다양한 정보와 지식, 경험을 습득해보라. 책을 바탕으로 형성된 나의 융합 지식을 나의 삶에 마음껏 적용할 수 있게 된다. 사이토 다카시의 다음 말을 가슴에 깊이 새겨보라.

"매일 한 권의 책을 읽는 것만이

평범한 우리가 경쟁력을 쌓을 수 있는 유일한 방법이다."

에필로그

남은 인생의 임계점은 책으로 넘는다

인생이 꼬이고 힘든 때일수록 책을 찾아라

나는 대학 졸업 이후 책 읽는 것을 잊어버리고 살았다. 책과는 거리가 먼 생활을 했다. 그러다가 결혼을 하고, 아이가 태어나면서 여러 어려운 상황들이 발생했다. 아이가 태어나기 전과 태어난 이후의 상황은 180도 다르다. 아이가 태어나면 집안일뿐만 아니라 아이와 관련된 일까지 일의 양이 10배 이상 는다. 게다가 육아에 대해 너무 몰랐다. 주변에 있는 엄마들도 다들 초보이다 보니 물어보고 답을 들어도 시원한 구석이 없었다. 맹인이 맹인을 인도하는 격이었다.

거기에다 직장 생활을 하다 보면 어쩔 수 없이 찾아오는 슬럼프가 나를 덮쳤다. 보건교사라는 특수한 위치에서 느끼는 여러 가지 제도의 불합리함과 오해들로 마음의 상처를 많이 받았다. 직장 생활에 심한 회의감을 느꼈다. 사람에 대한 불신감도 갖게 되었다. 누구에게 터놓고 이야기할 수도 없었다. 자괴감이 들면서 아무하고도 만나고 싶지도 않았다. 답답한 마음에 철학원도 찾아갔고 용하다는 점집도 찾아 갔다. 직장의 슬럼프로부터 시작해서 인생의 위기가 찾아온 것이다. 결심을 못하고 방황하다가 결국 나는 휴직을 결정했다.

내가 휴직을 하고 읽은 책이 빅터 프랭클의 『죽음의 수용소에서』였다. 이 책은 유대인이란 이유만으로 수용소에 끌려가 죽음 직전까지 몰렸던 저자가 극한 고통의 환경에서 삶의 희망과 의미를 잃지 않고 결국 살아남는 과정을 기록하고 있다. 내가 아무리 자괴감이 들고 힘들어도 강제 수용소에서 저자가 당한 인간 이하의 취급과 대우보다는 백번 나은 상황일 것이다. 그런 극한 상황의 시련들을 읽으면서 내가 느끼는 불행은 하찮은 것이란 생각을 하게 되었다.

힘든 사람일수록 책을 찾아야 한다. 수시로 읽어야 한다. 책을 읽으면 세상에는 나처럼, 아니 나보다도 더 어려운 상황에 있는 사람들이 많다는 것을 알게 된다. 그것 자체가 큰 위안이 된다.

만약 책을 읽지 않는다면 나와 같은 고민을 하는 사람들을 어디에서 그렇게 많이 만날 수 있겠는가? 책에서는 시련을 겪고 극복한 수많은 이야기들을 접할 수 있다. 그런 이야기를 접하는 시간은 용기와 자신감을 선물해준다.

뇌를 이용한 핵심 반복 읽기로 임계점을 돌파하라

세상살이에서 문제들은 피할 수 없다. 소소한 문제에서부터 인생의 위기까지 다양한 문제가 있다. 문제가 있는 것은 문제가 되지 않는다. 문제를 대하는 관점이나 태도, 문제를 푸는 방법이 중요한 것이다.

나는 육아와 직장 문제로 공허하고 불안한 마음을 잡기 위해 책을 보게 되었다. 꼬인 인생의 실타래를 풀기 위해 읽었다. 문제만큼이나 책의 주제가 다양해졌다. 육아서부터 시작해서 직장 생활에서 필요한 인간관계론, 의사소통 기술, 프레젠테이션 기술, 심리학, 대화술 등 책 속에서 나름의 답을 찾아 나갔다.

먼저 나는 육아에 관련된 책을 집중적으로 읽었다. 도와줄 사람이 가까이 없던 내게 '육아의 선배 작가'들은 책에서 다양하고 구체적인 경험과 생각들을 알려주었다. 그렇게 시작된 본격적인 책 읽기는 1년간 100권 이상을 기록했다. 그 후로 나는 매년 100권 이상의 책을 반드시 읽고 있다. 그렇게 계속하다 보니 독서의 요령이 생기고 방법에 대한 내 나름의 철학이 생기게 되었다. 지금은 하루 한 권 독서법을 실행하고 있다.

독서를 생활화하지 못하는 대부분의 사람들은 책에 대한 부담감을 갖고 살아간다. 그런데 사실상 그 부담의 실체를 끝까지 추적해보면 '책은 처음부터 끝까지 읽어야 한다.'는 고정관념 때문이라는 함정을 마주하게 된다. 이런 방식의 독서는 시간도 오래 걸리고 내용도 잊어버리기 쉽다. 결국 독서에 재미를 못 느끼게 되고 독서의 참된 이치를 현실에 적용하기 어렵게 만든다.

하루 한 권 독서법은 '책 전체를 내 것으로 만들지 않아도 된다.'는 전제로 시작한다. 내게 필요한 부분만 얻으면 되는 것이다. 하루 한 권 독서에서 중요한 것은 양이 아니라 질이다. 온라인 뉴스 읽듯이, 신문 보듯이 훑어가면서 선택과 집중 읽기를 하여 자기한테 필요한 한 가지에 제대로 자극받아 삶에 즉각 적용하는 것이 가장 현명한 것이다.

하루 한 권 독서법이 주는 또 하나의 강력한 장점이 있다. 내가 필요하여 선택하고 집중한 내용에 뇌가 긍정적으로 반응하여 반복 읽기 현상이 나타난다는 점이다. 관심이 가는 사람을 보면 무의식적으로 자꾸 쳐다보게 되는 것처럼 반복 읽기도 그렇게 이루어진다. 때문에 기억에 오래 남게 되는 것이다. 기억의 본질은 반복이다. 긍정적인 반복과 함께 뇌에 저장이 되니 실생활에서 적용도 쉬워진다. 보통 한 번밖에 안 읽고 기억이 안 난다고 불평하는데, 당연한 일이다. 아무리 뛰어난 천재라고 해도 한 번 읽고 모든 내용을 다 기억하지는 못한다. 중요한 것은 오래도록 기억하는 것이며, 더 중요한 것은 오래도록 기억된 내용을 현실에서 활용할 수 있게 하는 것이다. '하루 한 권 독서법'은 바로 이 문제를 근본적으로 해결해주는 방법이라고 확신한다.

임계점을 넘어서는 그 순간을 상상하며

책을 읽으면서 다양한 작가의 경험과 생각, 철학을 접하면서 나는 많은 자극을 받았다. 독서를 통해 내가 가진 문제를 푸는 노하우와 지식을 얻었다. 그리고 그전에는 한 번도 생각해보지 않았던 새로운 사고를 할 수 있는 시간이 됐다. 나의 내면을 자주 들여다보기도 했다. 자신의 내면과 깊은 대화를 한다.

'내가 정말 원하는 것이 무엇일까?'

'내가 좋아하는 것이 무엇일까?'

'인생을 어떻게 살아야 할까?'

'어떻게 키워야 아이의 인생이 행복할 수 있을까?'

이런 질문들은 근본적인 질문이다. 눈에 보이는 것보다는 보이지 않는 것에 대한 질문인 것이다. 책을 보면서 눈에 보이는 급한 일보다는 눈에 보이지 않지만 중요한 일들에 대해 생각해보는 시간이 많아졌다.

내면 깊숙한 곳에서 나오는 여러 질문이 있다.

'내가 가장 하고 싶은 것이 무엇인가?'

이에 대한 답도 찾았다. 그것은 5년, 10년 뒤 내가 하고 싶은 일이다. 나의 인생 2막에 내가 해야 할 것은 독서를 하면서 책을 쓰고, 그 책의 내용을 콘텐츠로 강연하는 것이다. 상상만 해도 가슴 떨리는 일이다. 인생 2막의 큰 그림을 지금부터 조금씩 그려 가기로 했다. 나는 현재 책 쓰기 멘토를 만나 책을 쓰기 시작했다. 책 쓰는 과정이 쉽지는 않지만 하나씩, 하나씩 기억을 짚어가며 나의 경험과 생각을 적어간다.

작가로서 나의 모습을 생생히 느끼면서 책을 쓴다. 미래에 저자강연회를 하는 나의 모습을 상상했다. 사람들이 사인을 받기 위해 길게 줄을 서서 기다리는 모습도 보인다. 사람들이 나와 인증샷을 찍고 SNS에 올린다. 마음이 간절해지고 미래를 생생하게 그리기를 반복하면서 서서히 실감이 났다. 간절함이 있고 미래가 현실처럼 생생히 느껴지니 책 쓰기도 훨씬 좋아졌다. 책을 통해 자신감과 더불어 생활의 활력도 얻었다. 지금은 하루 한 권 독서를 실천하면서 책 읽는 삶을 살고 있다. 책을 통해서 작가라는 꿈도 가지게 됐다. 지금 당장 큰 변화가 눈에 보이지 않더라도 나는 내 · 외적으로 점점 변화되어 임계점을 향해 나아가고 있다.

임계점을 넘어서는 순간의 내 모습은 어떤 것일까?

나는 독서에 대한 나의 경험과 노하우를 알리는 메신저가 되고 싶다. 독서의 위대한 힘을 알리는 강연가의 모습이 독서로 질적 변화를 한 나의 미래 그림이다. 당신도 책을 통해 미래를 설계해보기를 바란다. 하루 한 권 독서로 남은 인생을 비범한 인생으로 완성해보라. 남은 인생이 많을수록 당신이 비범해질 수 있는 기회는 무궁무진하다.

"책을 읽는다는 것은 많은 경우, 자신의 미래를 만든다는 것과 같은 뜻이다" – 랄프 왈도 에머슨